STEIN · WETTERKUNDE FÜR SEGLER UND MOTORBOOTFAHRER

WALTER STEIN

Wetterkunde

für Segler
und Motorbootfahrer

7. Auflage

VERLAG KLASING & CO. GMBH, BIELEFELD

ISBN 3-87412-008-2

Einbandgestaltung: Siegfried Berning
© Copyright by Klasing & Co GmbH Bielefeld
Printed in Germany 1978. Alle Rechte vorbehalten
Druck: Kunst- und Werbedruck, Bad Oeynhausen-Eidinghausen

Inhalt

III. Wie müßte sich das Wetter entwickeln?
(Wetter „kunde")

IV. Wie erfahre ich, wie das Wetter sich wirklich entwickelt?
(Der Wetterdienst)

V. Wie nutze ich diese Hilfsmittel aus?
(Meteorologische Navigation)

Vorwort

Wind, Wetter und See gilt unsere Liebe. Wind, Wetter und See sind unsere Freunde und Feinde.

Eigenwillig sind sie, und wir müssen ihre Eigenwilligkeit anerkennen, ob wir wollen oder nicht.

Aber wir werden ihre Eigenschaften und Gesetzlichkeiten zu ergründen suchen, um sie dann klug und überlegend für uns einzusetzen, vielleicht auf Umwegen uns doch durchzusetzen.

Das erfordert aber genaue und sichere Kenntnis dieser Gesetze des Wettergeschehens, eine gute Wetter „kunde".

Uns wird diese Wetterkunde „vorgeblasen", wie einmal ein Meteorologe gesagt hat. Wir können und müssen unsere Schlüsse aus dem beobachteten Wetter, aus den Erfahrungen früherer Reisen ziehen, um daraus zu lernen.

Darum wollen wir uns nun zusammensetzen und uns die Grundlagen einer Wetterkunde für Segler zusammen erarbeiten. Ich meine, daß wir uns zunächst einmal Klarheit verschaffen müssen über die Grundgrößen des Wettergeschehens. Dann sollten wir versuchen, messend an die Grundgrößen heranzugehen. Dann erst wollen wir fragen, wie sich das Wetter nach den Gesetzen der Natur entwickeln müßte, welche Windsysteme und Wetterentwicklungen es daher gibt und welche typischen Wetterlagen wir in unseren Segelrevieren antreffen müßten.

Für unsere Entscheidungen steht uns außerdem der Riesenapparat des Wetterdienstes zur Verfügung, und wir können von diesem Wettervorhersagen und Warnungen erhalten. Von den Einrichtungen und der Organisation des Wetterdienstes will ich an weiteren Abenden berichten. Ich werde auch zeigen, wie wir als dankbare Benutzer uns auch in die Reihe der Spender einordnen können, indem wir an diesem Wetterdienst, bescheiden allerdings wohl nur, selbst mitarbeiten.

Das Wichtigste aber wird es sein, aus den eigenen Kenntnissen und den Angaben, die uns zur Verfügung gestellt werden, Schlüsse ziehen zu lernen 1. für die Planung unserer Reise überhaupt und 2. für die Einzelentscheidungen auf der Reise selbst. Wir werden lernen müssen, Wetterberichte auszuwerten, selbst Wetterkarten zu zeichnen, alle Wetterpropheten auszunutzen, soweit es keine falschen sind, und vor allem die eigenen Beobachtungen an Bord auszuwerten. Das soll dann das Thema unserer letzten Unterhaltungen sein.

Und dann geht es wieder auf Fahrt!

Walter Stein

I. Wie beschreibe ich „mein" Wetter?
(Grundbegriffe)

Die Atmosphäre

Da sitzen wir nun, jeder von uns hat auf seinen Sommerfahrten die Schönheit und die Launen des Wetter erlebt und berichtete davon, und ich suche nun den Ausgangspunkt für unsere Arbeit.
Wetter, das ist doch der Zustand der Lufthülle unserer Erde zu einem bestimmten Augenblick. Fangen wir also ganz trocken mit dieser Lufthülle an und lernen ein paar „Vokabeln"! Ohne Fachausdrücke werden wir uns ja auf die Dauer schwerlich verständigen können!

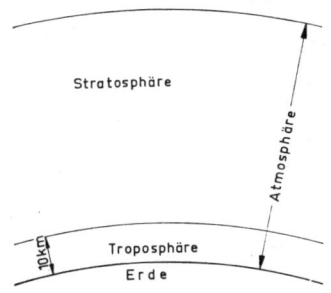

Abbildung 1: Die Atmosphäre

Die Lufthülle, welche unsere Erdkugel umgibt, nennen wir die *Atmosphäre*. Alle Wettervorgänge spielen sich in der untersten Schicht von etwa 10 km Dicke ab, der *Troposphäre*. Darüber liegt die *Stratosphäre*, die sicher über 1000 km hoch ist, aber natürlich keine feste Grenze gegen den Weltraum hat. Wir sind an diese Grenzen der Atmosphäre erst durch

11

unsere modernen Raketen gelangt, welche Satelliten in Kreis- und Ellip-
senbahnen um die Erde brachten. Aber von deren Meßergebnissen kann
hier nicht berichtet werden, denn für unser Wetter mit all seinen viel-
fältigen Erscheinungen ist die Schicht entscheidend, in der die Temperatur
der Luft von der wechselhaft geheizten Erdoberfläche abhängt, in der daher die verschiedenen auf- und absteigenden Luftströmungen entstehen,
die unser „Wetter" hervorrufen. Diese Schicht ist über den Polen aber
nur 8 bis 10 km, über den Tropen 15 bis 17 km, bei uns 10 bis 11 km hoch.
An der oberen Grenze dieser Schicht ist es in unseren Breiten schon —50°
bis —60° kalt. Diese Schicht enthält über drei Viertel der gesamten Luftmasse unserer Erde, da die Dichte der Luft mit der Höhe rasch abnimmt.
Sie enthält auch fast den gesamten Wasserdampf der Lufthülle.
Die Lufttemperatur nimmt mit der Höhe etwa 5° bis 8° auf 1 km ab.
Der Luftdruck beträgt an der Grenze der Troposphäre noch etwa 225 mb.
Wer sich über die Verhältnisse in der Stratosphäre informieren will,
greife zu den auf Seite 158 empfohlenen ausführlichen Werken! Für unser
Ziel sind sie nicht wichtig.
Die Luft in der Troposphäre setzt sich zusammen aus

       78 % Stickstoff
       21 % Sauerstoff
    0,03 % Kohlendioxyd, Wasserstoff, Ozon und Edelgasen
           (Neon, Argon, Helium)
 0,1—3 % Wasserdampf.

Der an sich sehr kleine Anteil an Wasserdampf ist für unsere Wetter-
forschung, wie wir sehen werden, der wichtigste. Er schwankt zwischen
3 % über den tropischen Ozeanen und 0,1 bis 2 % über den kalten Polar-
gebieten.
Praktisch finden wir in der Luft außerdem noch mehr oder weniger viele
kleinste Teilchen (z. B. Staub, Säure, Salz), die als Kondensationskerne
von großer Bedeutung für die Wetterentwicklung sind.

Der Luftdruck

Über jedem Ort der Erde lagert also eine hohe Luftsäule, die bis an die
Grenze der Atmosphäre reicht. Sie übt natürlich einen Druck auf die

Unterlage aus, so leicht auch Luft uns erscheinen mag. Die Messungen *Torricellis* ergaben, daß diese Luftsäule auf jeden Quadratzentimeter der Erdoberfläche eine Kraft von etwa 1 kg ausübt.

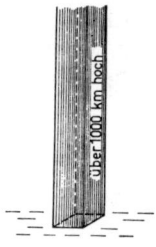

Abbildung 2: *Eine über 1000 Kilometer hohe Luftsäule drückt auf uns*

Torricelli maß den Luftdruck dadurch, daß er feststellte, einer wie hohen Quecksilbersäule die Luft das Gleichgewicht halten kann. Sein Meßprinzip ist das Prinzip der *Marine-Barometer*, die heute allerdings durch die viel leichter anzubringenden *Aneroid*-Barometer verdrängt sind. Aber noch heute sind viele von uns gewohnt, den Luftdruck zu beurteilen nach

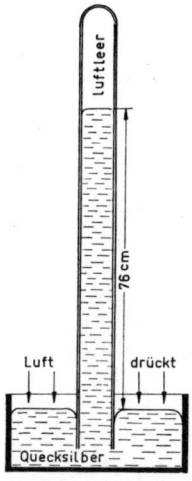

Abbildung 3: *Der Versuch von Torricelli zur Messung des Luftdruckes*

den Millimetern Quecksilbersäule, die dem Luftdruck das Gleichgewicht halten. Im Mittel ist sie 760 mm hoch. Wir sagen dann wenig schön: der Luftdruck beträgt 760 mm. In der Physik spricht man von 760 Torr. Die Wetterberichte jedoch geben den Luftdruck in Millibar an. Im physikalischen Maßsystem werden (seit 1977) Kräfte in Newton, Drucke in Pascal gemessen. Ein Pascal (Pa) herrscht, wenn bei senkrechtem Einfall eine Kraft von 1 Newton auf eine Fläche von 1 Quadratmeter wirkt.

1 Bar ist gleich 100 000 Pascal.

1 Millibar (mbar) ist gleich 100 Pascal.

1000 Millibar entsprechen einer Quecksilbersäule von 750 mm.

760 mm Quecksilbersäule entsprechen 1013 Millibar.

Daraus ergibt sich die einfache Umrechnungsformel

$$1 \text{ mm } = \text{ }^4/_3 \text{ mbar,}$$
$$1 \text{ mbar } = \text{ }^3/_4 \text{ mm.}$$

Beispiel:

$$780 \text{ mm } = \frac{780 \cdot 4}{3} = 1040 \text{ mbar}$$

$$995 \text{ mbar } = \frac{995 \cdot 3}{4} = 746,3 \text{ mm.}$$

Man kann auch so vorgehen, daß man dem mm-Wert noch $^1/_3$ des Wertes hinzufügt, um damit den Wert in mbar zu erhalten.

Also:

$$\frac{780}{3} = 260$$

$$780 + 260 = 1040.$$

780 mm entsprechen also 1040 mbar.

Entsprechend muß man vom mbar-Wert ¹/₄ des Wertes abziehen, um den Wert in mm zu erhalten. Also:

$$\frac{995}{4} = 248,7$$

$$995 - 248,7 = 746,3.$$

995 mbar entsprechen also 746,3 mm.

Wenn das Barometer noch keine Millibar-Teilung trägt, verwandelt man die abgelesenen Werte zweckmäßig mit Hilfe von Umrechnungstafeln, wie sie z. B. im Nautischen Funkdienst oder in den Nautischen Tafeln gegeben sind.

Eine vereinfachte, meistens ausreichende Tafel sei hier gegeben:

Millibar	Millimeter	
980	735	
985	739	
990	742,5	
995	746,5	
1000	750	
1005	754	
1010	757,5	
1015	761,5	
1020	765	
1025	769	
1030	772,5	
1035	776,5	
1040	780	Zwischenwerte einschalten!

Stimmten unsere Umrechnungen damit überein?

In den USA und England wird der Luftdruck vielfach noch in Zoll angegeben.

Der normale Luftdruck beträgt in der Höhe der Meeresoberfläche 760 mm oder 1013 mbar. Er nimmt mit der Höhe ab, und zwar in den unteren Schichten der Atmosphäre um 1 mbar auf 8 m. Die Luftfahrt mißt die Höhe des Flugzeuges über dem Erdboden mit dem Barometer, indem der Luftdruckunterschied gegen den Wert am Erdboden festgestellt wird.

Isobaren, Gradient

Um die Luftdruckverteilung auf der Erde besser übersehen zu können, verbindet man in den Wetterkarten alle Orte gleichen Luftdrucks durch Linien, die man *Isobaren* nennt.

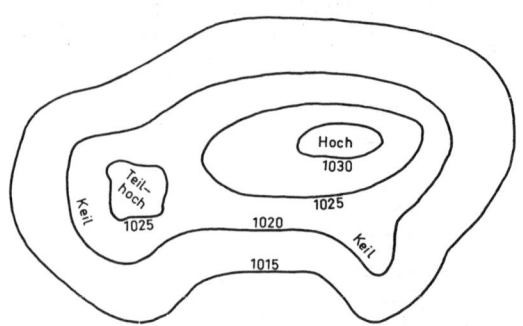

Abbildung 4:
Hochdruckgebiet mit Keil

Ein Gebiet, um das sich Isobaren schließen, so daß nach allen Seiten hin tieferer Luftdruck herrscht, nennen wir ein *Hochdruckgebiet,* kurz Hoch (H). Nimmt der Druck nach allen Seiten zu, ist es ein *Tiefdruckgebiet,* kurz Tief (T).
Suchen wir in unseren Wetterkarten solche H und T auf, so finden wir, daß ein Hoch einen *Rücken* haben kann, oder auch nur einen *Keil,* der sich zwischen zwei Tiefdruckgebiete schiebt. Entsprechend kann ein Tief sich mit einer *Zunge* oder einer *Furche (Rinne)* zwischen zwei Hochdruckgebiete einschieben. Eventuell ist ein *Sattel* vorhanden, eine Stelle, von der der Druck nach zwei entgegengesetzten Richtungen hin steigt, während er in den senkrecht dazu gelegenen Richtungen abfällt.

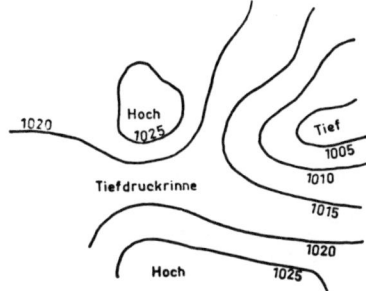

Abbildung 5:
Tiefdruckgebiet mit Rinne

Man suche derartige Stellen in den Wetterkarten auf, um mit dem Wortschatz der Wetterberichte vertraut zu werden.
In den Wetterkarten werden die Isobaren meistens von 5 zu 5 mb gezeichnet. An den Abständen dieser Isobaren erkennt man dann sehr an-

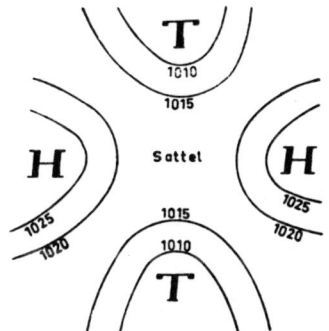

Abbildung 6: Sattel

schaulich die Stärke des Druckgefälles. Folgen die Isobaren dicht gedrängt aufeinander, ist das Druckgefälle groß, und der zu erwartende Wind, der diese Druckunterschiede ausgleichen soll, wird stark sein. Liegen die Isobaren weit auseinander, ist das Gefälle klein, es werden nur leichte Winde zu erwarten sein.

Der Meteorologe bestimmt das Luftdruckgefälle in mbar auf einer Strecke von 60 sm, senkrecht zu den Isobaren gemessen, und nennt dies Gefälle den *Gradienten*.

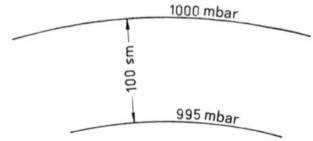

Abbildung 7: Bestimmen des Gradienten

In dem obenstehenden Beispiel haben die 995 mbar- und 1000 mbar-Isobare einen Abstand, senkrecht zu den Isobaren gemessen, von 100 Seemeilen. Wie groß ist der Gradient?
Wir müssen annehmen, daß der Luftdruck in der Zwischenzone gleichmäßig abnimmt, und rechnen auf 60 sm um.

$$100 : 60 = 5 : x$$

$$x = \frac{5 \cdot 60}{100} = 3$$

Der Gradient ist 3 mbar/60 sm.

Die Temperatur der Luft

Wollen wir das Wetter um uns verstehen, müssen wir nähere Angaben über die Eigenschaften der Luftmassen haben, von denen wir umgeben sind. Vor allem müssen wir wissen, wie warm sie sind und wieviel Feuchte in ihnen enthalten ist.
Den Wärmezustand, die *Temperatur* der Luft, messen wir mit dem *Thermometer*. Es besteht aus einem engen, oben geschlossenen Glasrohr, an das unten eine Kugel angeschmolzen ist. Die Kugel und ein Teil des Rohres sind mit Quecksilber gefüllt, über dem Quecksilber ist ein luftleerer Raum.
Mit zunehmender Temperatur dehnt sich Quecksilber gleichmäßig aus. Steckt man es in eine Mischung von schmelzendem Eis und Wasser oder

in frisch gefallenen Schnee, so geht das Quecksilber herunter auf eine Marke, die wir auf dem neben dem Rohr angebrachten Maßstab mit 0 bezeichnen (Gefrierpunkt des Wassers). Taucht man es in kochendes

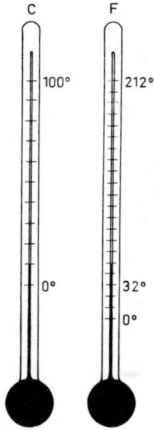

Abbildung 8: Thermometer-
teilungen

Wasser, so steigt es auf eine zweite Marke, die wir mit 100 benennen (Siedepunkt des Wassers). Der Zwischenraum wird in 100 gleiche Teile geteilt, die *Grade* (z. B. 12 Grad = 12°). Um sicher zu sein, daß es sich um diese Art von Teilung handelt, achten wir auf den Buchstaben über der Teilung. Steht dort ein C, so ist das Thermometer nach *Celsius* eingeteilt und, wie es oben beschrieben wurde, liegt der Gefrierpunkt des Wassers bei 0°, der Siedepunkt bei 100°.
Es kann vorkommen, daß wir Thermometer und Temperatur-Angaben in *Fahrenheit* bekommen (z. B. in Amerika). Bei dieser Teilung liegt der Gefrierpunkt des Wassers bei + 32°, der Siedepunkt bei 212°. Der Raum zwischen diesen beiden Fixpunkten ist demnach nicht in 100 wie bei der Celsiusteilung, sondern in 180 Grade eingeteilt.
Umrechnungen wird man zweckmäßig mit Hilfe von Tafeln vornehmen, wie z. B. der umseitigen Tafel. Nach dieser ist 77° F = 25° C.

° C	° F
— 10	+ 14
— 8	+ 17,5
— 6	+ 21
— 4	+ 25
— 2	+ 28,5
0	+ 32
+ 2	+ 35,5
+ 4	+ 39
+ 6	+ 43
+ 8	+ 46,5
+ 10	+ 50
+ 12	+ 53,5
+ 14	+ 57
+ 16	+ 61
+ 18	+ 64,5
+ 20	+ 68
+ 22	+ 71,5
+ 24	+ 75
+ 26	+ 79
+ 28	+ 82,5
+ 30	+ 86

Die Feuchtigkeit der Luft

Jeder von uns hat schon gespürt, wie verschieden Festlandsluft oder Meeresluft auf den Menschen wirken. Diese Luftmassen unterscheiden sich außer in der Temperatur durch ihren Feuchtigkeitsgehalt. Für das Wetter und seine Weiterentwicklung ist es von entscheidender Bedeutung, wie feucht die uns umgebende Luft ist.
Die Luft unserer Atmosphäre enthält Wasser in gasförmigem Zustand, *Wasserdampf*. Wir können Wasserdampf nicht sehen und auch nicht schmecken, er ist unsichtbar und geruchlos. Aber wir können ihn trotzdem feststellen, indem wir die Wasserdampf enthaltende Luft über eine

wasserziehende (hygroskopische) Substanz, z. B. Chlorkalzium, leiten und die Gewichtszunahme des Salzes messen.

Man findet als Menge des Wasserdampfes, die in einem Kubikmeter Luft enthalten ist, immerhin etliche Gramm!

Die Anzahl Gramm Wasserdampf, die in einem Kubikmeter Luft enthalten ist, nennt man die *absolute Feuchte*.

Den Wasserdampfgehalt der Luft können wir nicht beliebig steigern. Bei einer bestimmten Temperatur kann Luft nur einen bestimmten Höchstwert von Feuchte aufnehmen. Der Raum ist dann mit Feuchtigkeit *gesättigt*. Bringt man noch mehr Wasserdampf hinein, schlägt er sich als Wasser nieder, er *kondensiert*. Dieser Höchstwert, die *Sättigungsfeuchte*, hängt von der Temperatur ab. Je wärmer die Luft ist, desto mehr Feuchte kann sie aufnehmen, d. h. desto höher liegt die Sättigungsfeuchte.

Es kann zum Beispiel aufnehmen:

1 m³ Luft von	0° C höchstens	4,8 g
	10°	9,4 g
	20°	17,3 g
	30°	30,4 g

Für die Beurteilung einer Luftmasse ist also die absolute Feuchte gar nicht so aufschlußreich. 4,5 g im Kubikmeter sind bei 0° C sehr viel, fast die Sättigungsfeuchte, bei 30° C aber so gut wie nichts!

Daher geben wir zweckmäßig das Verhältnis der vorhandenen absoluten Feuchte zur bei der Temperatur größtmöglichen, der Sättigungsfeuchte, an. Dieses Verhältnis, in Prozenten ausgedrückt, nennen wir die *relative Feuchte*.

Enthält Luft von 30° z. B. 15 g Wasserdampf im Kubikmeter, ist die

$$\text{relative Feuchte} = \frac{\text{absolute Feuchte}}{\text{Sättigungsfeuchte}} = \frac{15 \cdot 100}{30,4} = 50\%$$

Dieselbe absolute Feuchte von 15 g/m³ würde aber bei einer Temperatur von 20° C schon die

$$\text{relative Feuchte} = \frac{15 \cdot 100}{17,3} = 88\%$$

bedeuten. Bei 10° C würde die Luft nur 9,4 g halten können, der Rest von 15—9,4 = 5,6 g würde als Wasser ausfallen. Es würde *Tau* geben.

Die Temperatur, bei welcher die Sättigungsgrenze erreicht ist, bei der Taubildung eintritt, nennt man den *Taupunkt*.
Erwärmt man eine Luftmasse, so bleibt der Gehalt an Wasserdampf derselbe, die Sättigungsfeuchte aber steigt, das Verhältnis der absoluten zur Sättigungsfeuchte wird kleiner, die Luft wird relativ trockner. Ich kann auch sagen: Ihre Aufnahmefähigkeit für Feuchtigkeit wird größer.
Entsprechend wird die sich abkühlende Luft relativ feuchter. Diese Erkenntnisse werden wir zum Verstehen der Wettervorgänge brauchen.

Der Wind

Bestehen auf der Erde Luftdruckunterschiede zwischen zwei verschiedenen Orten, so gleichen sie sich aus: Die Luft strömt von dem Ort höheren Luftdrucks zur Stelle niedrigeren Luftdrucks. Diese horizontale Luftbewegung nennen wir *Wind*.
Wollen wir diesen Wind beschreiben, müssen wir *Richtung* und *Stärke* angeben.

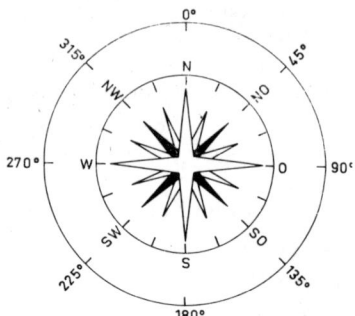

Abbildung 9: Grad- und Strichteilung

Man gibt bei Winden die Richtung an, *aus* der der Wind kommt, und zwar in der seemannschaftlichen Praxis immer noch in der alten Strichteilung, wie sie uns Abbildung 9 in Erinnerung ruft. Oder haben Sie im Mastenkeller schon einen Segler von dem steifen Dreihundertfünfzehner reden hören, den er abwetterte?

Natürlich, die Wissenschaft benutzt die Vollkreisteilung von 360 Graden. Und für sie ist NW $= 315°$. In die Wettertagebücher wird der Wind in Dekagraden, von 10 zu 10 Grad, eingetragen.

Die Stärke des Windes, d. h. die Geschwindigkeit der Luftteilchen, kann in Metern pro Sekunde, Kilometern pro Stunde oder auch in Knoten, d. h. Seemeilen pro Stunde angegeben werden. Der See-Wetterdienst benutzt die Angabe in Knoten. In der seemännischen Praxis aber drückt man die Windstärke immer noch in *Beaufort*-Stufen aus.

Die Zusammenstellungen auf den Seiten 24 und 25 zeigen uns, welche Geschwindigkeiten den 12 Beaufort-Stufen der Windstärke zuzuordnen sind. Auch die seemännischen Ausdrücke, die ihnen entsprechen, sind angegeben.

Sie enthalten aber vor allem eine Beschreibung des von dem betreffenden Wind aufgeworfenen Seegangs. Denn im allgemeinen wird man (siehe Seite 28) die Windstärke nach dem aufgeworfenen Seegang beurteilen und einstufen.

Wind und Seegang

Beau-fort-Skala	Bezeichnung deutsch	Bezeichnung englisch	Mittlere Windstärke in m/sec	Mittlere Windstärke in kn	Bezeichnung in der Wetterkarte
0	Windstille	calm	0—0,2	0—1	
1	Leiser Zug	light air	0,9	2	
2	Leichte Brise	slight breeze	2,5	5	
3	Schwache Brise	gentle breeze	4,4	9	
4	Mäßige Brise	moderate breeze	6,7	13	
5	Frische Brise	fresh breeze	9,3	18	
6	Starker Wind	strong breeze	12,3	24	
7	Steifer Wind	moderate gale	15,5	30	
8	Stürmischer Wind	fresh gale	19,0	37	
9	Sturm	strong gale	22,6	44	
10	Schwerer Sturm	whole gale	26,5	52	
11	Orkanartiger Sturm	storm	30,6	60	
12	Orkan	hurricane	34,8	68	

See-gang-Skala	Bezeichnung des Seegangs	Auswirkung
0	Vollkommen glatte See	Spiegelglatte See
1	Ruhige, gekräuselte See	Kleine schuppenförmig aussehende Kräusel-wellen, keine Schaumkämme
2	Schwach bewegte See	Wellen noch kurz, aber ausgeprägter. Kämme sehen glasig aus und brechen sich nicht. Vereinzelt weiße Schaumköpfe
3	Leichte bewegte See	Wellen noch klein, werden aber länger. Ziemlich verbreitet treten weiße Schaumköpfe auf. Die sich brechende See rauscht
4	Mäßig bewegte See	Wellen länger, ausgeprägter. Überall weiße Schaumköpfe. Vereinzelt schon Gischt. Brechen der See hört sich wie Murmeln an
5	Grobe See	Größere Wellen. Kämme brechen sich und hinter-lassen größere weiße Schaumflächen. Dumpfes, rollendes Geräusch der sich brechenden See
6	Sehr grobe See	See türmt sich. Der beim Brechen entstehende weiße Schaum beginnt sich in Streifen in die Windrichtung zu legen. Das Geräusch der sich brechenden See in größerer Entfernung hörbar
7	Hohe See	Mäßig hohe Wellenberge mit Kämmen von be-trächtlicher Länge. Von den Kanten der Kämme beginnt Gischt abzuwehen. Der Schaum legt sich in ausgeprägten Streifen in die Windrichtung
8	Sehr hohe See	Hohe Wellenberge mit langen, überbrechenden Kämmen. See weiß durch Schaum. Schweres, stoßartiges Rollen der See. Sicht durch Gischt stark beeinträchtigt
9	Außergewöhnlich schwere See	Außergewöhnlich hohe Wellenberge. See völlig weiß. Luft mit Schaum und Gischt angefüllt. Jede Fernsicht hört auf. Rollen der See wird zum Getöse

Unsere Tabelle endet mit Windstärke 12 und enthält die Grenzzahl: 68 Knoten. Aber diese Grenzzahl kann ganz wesentlich überschritten werden! So wurde im Zentrum des Taifuns „Ida" — alle Orkane tragen Mädchennamen, warum eigentlich? — Windstärken von mehr als 225 kn beobachtet. Der Luftdruck war unter 880 mbar gesunken!
Der WNW-Sturm, der am 16./17. 2. 1963 zur Flutkatastrophe führte, wehte in orkanartigen Böen, die bis zu 40 m/s = 78 kn = 144 km/h erreichten.
Die Beaufort-Skala stammt noch aus der Zeit der großen Tiefwassersegler. An Bord eines solchen Großseglers mit doppelten Marsrahen wurden bei Windstärke 5 noch Oberbramsegel, bei 7 noch Marssegel und Klüver, bei 8 gereffte Obermarssegel und Untersegel, bei 9 Untermarssegel und Untersegel, bei 10 noch Großuntermarssegel und gereffte Fock, bei 11 noch Sturmstagsegel geführt. Bei 12 trieb das Schiff vor Topp und Takel, kein Segel hielt mehr stand.
Für den Beobachter, der mit seinem Boot noch nicht ausgelaufen ist und „im sicheren Port" prüfend den angefeuchteten Finger hebt, um die Windrichtung festzustellen, seien auch die Auswirkungen des Windes an Land zusammengestellt, nach denen man die Beaufort-Stufen der Windstärke feststellen kann.

Auswirkungen des Windes an Land

Windstärke nach Beaufort	Auswirkung
0	Windstille, Rauch steigt gerade empor
1	Windrichtung an Zug des Rauches zu erkennen Windfahne rührt sich nicht
2	Wind am Gesicht fühlbar, Blätter säuseln. Windfahne bewegt sich
3	Blätter und dünne Zweige bewegen sich. Wind streckt einen Wimpel
4	Wind hebt Staub und loses Papier, bewegt Zweige und dünnere Äste
5	Kleine Laubbäume beginnen zu schwanken
6	Starke Äste in Bewegung. Pfeifen in Telegraphenleitungen. Regenschirme schwierig zu halten
7	Ganze Bäume in Bewegung. Fühlbare Hemmung beim Gehen gegen den Wind
8	Wind bricht Zweige von den Bäumen. Gehen im Freien erheblich erschwert.
9	Kleinere Schäden an Häusern (Dachziegel abgeworfen)
10	Bäume werden entwurzelt. Bedeutende Schäden an Häusern
11 12	Schwerste Verwüstungen

Scheinbarer und wahrer Wind

Die Schwierigkeit der Bestimmung von Windrichtung und Windstärke liegt darin, daß man auf dem *fahrenden* Schiff einen *gefühlten* (man sagt auch *scheinbaren*) Wind beobachtet, der aus dem *wahren* Wind, der an diesem Ort bei stilliegendem Boot beobachtet werden würde, und dem *Fahrtwind*, der von vorne kommt und eine der Geschwindigkeit des Schiffes entsprechende Stärke hat, *vektoriell* sich zusammensetzt. (Parallelogramm der Geschwindigkeiten).
Man könnte, um den wahren Wind zu bekommen, so konstruieren, wie in der Abb. 10 angegeben. Wir steuern in diesem Falle rechtweisend 230° und laufen 6 Knoten. Der Fahrtwind wäre also nach der Tafel auf Seite 24 2 Beaufort. Wir beobachten den „gefühlten" Wind NNW 5 Knoten (2 Beaufort).

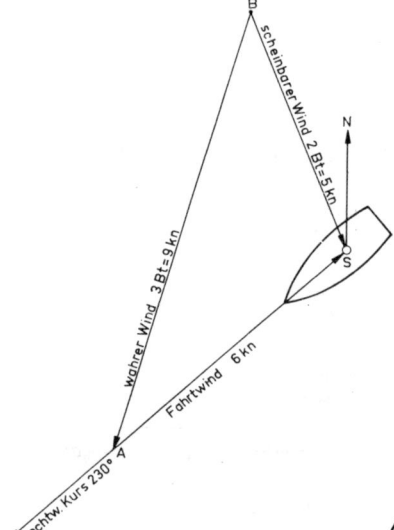

Abbildung 10: Winddreieck

Tragen wir im Schiff S den rechtweisenden Kurs und die Fahrt in Knoten (AS) und den gefühlten Wind nach rechtweisender Richtung und Stärke in Knoten an (BS)!

Verbinden wir die beiden Endpunkte A und B miteinander, erhalten wir den wahren Wind nach Richtung und Stärke zu rechtweisend 18° 9 Knoten. Diese Knotenzahl entspricht der Windstärke 3 nach Beaufort.
Der gefühlte Wind ist immer vorderlicher als der wahre! Der Wind *schralt*, sobald wir Fahrt aufnehmen.
Man tut gut, die Stärke des *wahren* Windes zu beobachten, indem man seine Einwirkung auf die See feststellt und die Beaufortstärke dann nach der Tafel auf Seite 24 festlegt. Die Richtung, aus der der Wind wirklich weht, kann man durch Peilen der Seen, insbesondere von Schaumstreifen finden, wenn man auch darauf achten muß, ob nicht Seegang und Dünung sich überlagern. Beachte auch, daß der Seegang einer Winddrehung nicht sofort folgt!
Den Zug der Wolken darf man *nicht* benutzen, er zeigt nicht den Bodenwind an.

Darstellung des Windes in Karten

In den *Wetterkarten* des Seewetteramtes wird der Wind an der Station (kleiner Kreis) als Pfeil angetragen, wie er auf diese Station zuweht, also z. B. ein NW-Wind so:

 vereinfacht:

Herrscht Windstille, wird ein Kreis um den Stationskreis gezogen:

Die Beaufort-Stärke des Windes wird durch ganze und halbe Federn bezeichnet, die an den Windpfeil nach der Seite des Tiefdruckgebietes angetragen werden. Jede ganze Feder bedeutet zwei Windstärken, jede halbe eine.
Die Eintragung für WSW 5 sieht also so aus:

Bei Windstärke 10 benutzt man statt der fünf Federn zur Abkürzung eine Art „Sturmwimpel", ein Dreieck.
Weht Westwind von Stärke 11, so ist einzutragen:

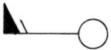

Beachte, daß in den Wetterkarten die Meridiane, welche uns ja die Nord-Süd-Richtung angeben, am Rand recht schräg laufen können!

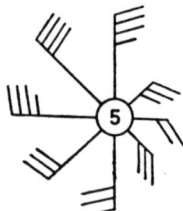

Abbildung 11: Windrose in einer Monatskarte

Sollen jedoch, wie z. B. in den *Monatskarten,* die mittleren Windverhältnisse eines Gebietes dargestellt werden, geschieht das durch *Windrosen,* wie die Abbildung 11 sie in einem Auszug aus einer deutschen Monatskarte darstellt. Die Zahl im Stationskreis gibt die Anzahl der Windstillen, die Länge der Pfeile gibt an, wieviel % der Winde aus der Richtung des Pfeiles kamen. Die Anzahl der Federn drückt die mittlere Beaufortstärke der Winde aus dieser Richtung aus. Ein Maßstab zum schnellen Ablesen der prozentualen Häufigkeit ist auf der betreffenden Karte zu finden. Nach der Windrose der Abbildung 11 ist in dem dargestellten Gebiet in 30% der beobachteten Fälle W-Wind der mittleren Stärke 7 beobachtet worden usw.

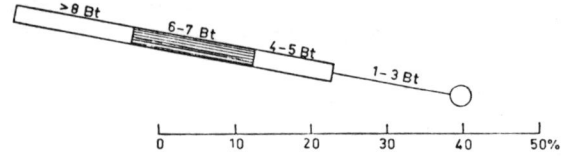

Abbildung 12: Windpfeil aus einer modernen Windkarte

In weitergehenden Darstellungen wird der Windpfeil noch unterteilt, um angeben zu können, wieviel % der Winde z. B. 1—3, 4—5, 6—7, mehr als 8 Beaufort zeigten. Z. B. bedeutet der Pfeil in der Abbildung 12, daß in 60 % aller Beobachtungen der Wind aus WNW kam. Von diesen Winden hatten 17 % die Stärke 1—3, 11 % 4—5, 16 % 6—7 Bt und 16 % waren stärker als Windstärke 8.

Seegang

Über den Seegang, den einer auf seiner Reise erlebte, wird man meist etwas übertriebene Angaben lesen. Seine „haushohen" Wellen gibt es gar nicht.
Wie sollen wir Wellen beschreiben?
Um eine Welle zu beschreiben, müssen wir angeben: 1. Wellenhöhe, 2. Wellenlänge, 3. Wellenperiode.
Wellenhöhe ist der senkrechte Abstand von Wellenberg und Wellental (H der Abbildung 13).

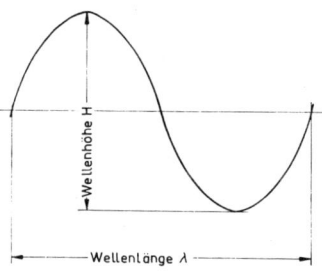

Abbildung 13: Welle

Wellenlänge ist der Abstand zweier Wellenberge (λ derAbbildung 13).
Wellenperiode ist die Zeit, die für einen festen Beobachtungsort zwischen dem Passieren zweier Wellenkämme verfließt. Man kann diese Zeit mit der Stoppuhr messen, indem man beobachtet, wie die Wellen z. B. an einer Boje vorbeilaufen.

Außerdem kann man die Geschwindigkeit angeben, mit der die Welle durch das Wasser läuft, und die *Steilheit* der Welle, d. h. das Verhältnis der Wellenhöhe zur Wellenlänge.

Bei zunehmender Windstärke wächst die Wellenlänge mehr als die Wellenhöhe, so daß die Wellen immer flacher werden.

Die längsten Wellen entstehen dort, wo sich der Seegang ohne Hindernis entfalten kann, in der Zone der braven Westwinde zwischen Neuseeland und Kap Horn. Dort wurden Wellen von 800 m Länge gemessen. Die Höhen liegen meistens unter 20 m.

In unseren Segelgebieten sind nach einer Zusammenstellung im „Wetterlotsen" folgende Maximalwerte im Sturm gemessen:

Seegebiet	Wellenhöhe m	Wellenlänge m	Wellen-periode sec	Wellenge-schwindigkeit m/sec
Westliche Ostsee	3	55—70	6—7	9—10
Südliche Nordsee	6	120	10	12
Nördliche Nordsee	8—9	180—200	11—12	16—17
Nordatlantik	16—18	250	13	20

Gefährlich hoher Seegang entsteht in Kreuzseen.

Allgemein gelten die folgenden Zahlen-Mittelwerte:

Seegang	Ungefähre mittlere Wellenhöhe in m	Ungefähre mittlere Wellenlänge in m
0	—	—
1	0—$^1/_2$	0—10
2	$^1/_2$—$^3/_4$	10—12$^1/_2$
3	$^3/_4$—1$^1/_4$	12$^1/_2$—22$^1/_2$
4	1$^1/_4$—2	22$^1/_2$—37$^1/_2$
5	2—3$^1/_2$	37$^1/_2$—60
6	3$^1/_2$—6	60—105
7	über 6	über 105
8 9	bis 20	bis 600

Dünung

Man unterscheidet zwischen *Windsee* und *Dünung*. Während die Windsee unmittelbar vom herrschenden Wind aufgeworfen ist, ist Dünung ein Seegang, der von Stürmen herrührt, die an ganz anderer Stelle toben bzw. noch toben. Dünung besteht aus rundlichen Wellen geringerer Steilheit, aber oft beträchtlicher Länge. Die Windsee hat steile Wellen, die an den Kämmen mehr oder weniger stark überbrechen.

Wie die Windsee mit dem herrschenden Wind auf offener See zusammenhängt, gibt die Tabelle auf Seite 25 an.

Mittlere Angaben über die Dünungswellen macht folgende Tabelle:

Dünungs-Skala	Ungefähre Länge	Ungefähre Höhe in m
0	keine Dünung	—
1	kurz bis mittellang	< 2
2	lang	
3	kurz	
4	mittellang	2—4
5	lang	
6	kurz	
7	mittellang	> 4
8	lang	
9	Unregelmäßig durcheinander laufend	—

Kommen Seen oder Dünungswellen auf flaches Wasser, rücken die Wellenkämme enger zusammen, die Seen werden höher und steiler. Schließlich brechen die Kämme über, es entsteht *Brandung.* Brandungswellen können Höhen von 18 m erreichen.

Niederschlag

Kühlt sich die Luft unter den Taupunkt ab, wird ein Teil des Wasserdampfes ausgeschieden.

Geschieht dies an festen Gegenständen, so sprechen wir von Tau. Geschieht es in der Luft, so gibt es *Wolken*. Reichen diese bis an die Erdoberfläche, so herrscht *Nebel*.

Scheidet sich der Wasserdampf in fester Form aus, so beobachten wir an festen Gegenständen *Reif* oder *Glatteis*, in der Luft dagegen Eiskristalle in der Form von *Schnee, Graupeln* oder *Hagel*.

Diese Ausscheidung tritt ein, wenn die Lufttemperatur unter den Gefrierpunkt sinkt. In vielen Fällen kann die Luft allerdings stark unterkühlt sein, ehe Eisbildung einsetzt. Fallen dann feste Körper, z. B. Hagelkörner, in diese unterkühlte Luft, geht der Vorgang schlagartig los. An Flugzeugen, die in unterkühlte Luft geraten, bildet sich dann überall gefährlich viel Eis.

Vorbedingung für das Sichniederschlagen des Wasserdampfes ist ein *Kondensationskern*, an den sich das Wasser anlagern kann. Solche Kondensationskerne sind aber in der Luft immer vorhanden. Über dem Meer sind es Teilchen von Meeressalz, die aus den Schaumkämmen der aufgewühlten See in die Luft gelangen und vom Wind mitgenommen werden, aber auch elektrisch geladene Luftmoleküle (Ionen) und Moleküle des Ammoniaks und der Salpetersäure, wie sie sich bei gewittrigen Vorgängen in größeren Höhen bilden.

Über Land kommen hinzu Rauch und Abgase unserer Fabriken, Asche von Vulkanausbrüchen oder Waldbränden und Wüstenstaub.

Dunst

Eine Vorstufe der eigentlichen Kondensation zu Tropfen ist das Anlagern von Wasserdampfmolekülen an die Kondensationskerne, welches *Dunst* und eine *Dunsttrübung* bringt, d. h. die Sicht herabsetzt.

Dunst ist ein Kennzeichen der feuchten Meeresluft, z. B. aus dem Azorenhoch (siehe Seite 83). Dunst wird daher von den Wetterbeobachtern sorgfältig beachtet.

Die Abnahme der Sichtigkeit kann man feststellen, indem man angibt, in welcher Entfernung bekannte Ziele (z. B. Gebirge, Inseln, Schiffe, Türme, Seezeichen) gerade noch ausgemacht werden können.

Man spricht von Dunst bei einer Sichtweite von mehr als 1000 m. Sicht unter 1000 m bedeutet Nebel.
Man kann auch die Schärfe der Kimm zur Beschreibung der Sichtverhältnisse heranziehen.
Es gilt dann:

Kimm	Sicht in sm
verwaschen	0,5
unklar	1
gerade noch erkennbar	3
ausgeprägt	5
messerscharf	20
(Sicht außerordenlich gut)	

Nebel

Ist die Luft voller kleinster Wassertröpfchen, so wird sie mehr oder weniger undurchsichtig. Wir sprechen von *Nebel*, wenn diese Tröpfchen sich nahe der Wasseroberfläche bilden, von *Wolken*, wenn sie in größerer Höhe entstehen.
Im Wetterdienst spricht man von Nebel, wenn die Sichtweite (in der Horizontalen!) kleiner als 1000 Meter ist.
Drei Möglichkeiten müssen wir betrachten, wenn wir uns fragen, wie es zur Nebelbildung kommen kann:

1. Warme Luft streicht über kälteres Wasser.
2. Kalte Luft streicht über wärmeres Wasser.
3. Kalte Luft mischt sich mit feuchtwarmer Luft.

Streicht warme Luft über kälteres Wasser, so wird die Luft sich unter Einwirkung der kalten Meeresoberfläche abkühlen, bis Kondensation eintritt. Nebel finden wir daher über kalten Meeresströmungen. Diese Nebel sind um so dichter und beständiger, je größer der Temperaturunterschied Luft — Wasser ist und je länger er sich hält.

Auch über Randmeeren wie der Ostsee kann dieser Fall eintreten. Im Frühjahr wird die Ostsee von Luftmassen überströmt, die schon wärmer sind als das noch kalte Meer. Diese Monate sind daher im Ostseegebiet besonders nebelreich.

Aber auch der umgekehrte Fall kommt natürlich oft vor. Durch den Gegensatz Land — See entstehen oft an den Küsten dichte, gefahrbringende Nebel. Diese *Küstennebel* entstehen z. B. im Sommer, wenn die kühle Seebrise sich über dem Lande mit dort lagernder feucht-warmer Luft mischt. Oder es dringen im Frühjahr feuchtwarme Luftmassen auf das Festland vor und mischen sich mit der dort noch liegenden kalten Festlandsluft.

Wenn sich in klaren, kühlen Nächten der Erdboden stark abkühlt, so werden auch die darüber lagernden Luftschichten oft so kalt, daß sich eine dichte Nebelschicht bildet. Diese *Landnebel* können auch für den Segler gefährlich werden, wenn sie Leuchtfeuer oder andere für die Navigation wichtige Landmarken umhüllen oder gar vom Wind nach See getrieben werden und plötzlich das Boot mit ihren Schwaden umgeben.

Bei zunehmender Erwärmung lösen sich diese Nebel bald auf.

Ein Übergangsstadium ist der *nässende Nebel,* aus dem schon ein feiner Sprühregen fällt. Der Nebel löst sich dann bald auf, die Sicht bessert sich.

Wolken

Eine Wolke besteht also aus Wassertröpfchen. Diese müßten doch herunterfallen! Die Wolke „schwebt" aber doch scheinbar. Die Tropfen sind sehr klein und fallen daher, weil der Luftwiderstand für sie relativ groß ist, nur langsam. Eine schwache Aufwärtsbewegung der Luft kann sie dann schwebend halten. Etwas größere Tropfen fallen wirklich nach unten, verdampfen aber unter der Wolke wieder. Noch größere Tropfen fallen wirklich aus der Wolke heraus und bilden die *Fallstreifen,* die jeder wohl schon unter der Wolke vor dem Ausbruch eines Schauers beobachtete. Noch größere Tropfen erreichen dann als Regen die Erde.

Die Beobachtung der Wolken ist für uns besonders wichtig, weil wir an ihnen erkennen können, welche Luftbewegungen in unserer Troposphäre vor sich gehen. Luft selbst sehen wir ja nicht, wohl aber das Heer der Wassertröpfchen, das sich bildet, wenn die feuchte Luft aufsteigt. Am

Zug und der Form dieser Wolken erkennen wir, wie die Luft strömt, in der sie schwimmen, wo sie aufgleitet, gegen eine Sperrschicht stößt usw.

Als Ausdruck eines Vorganges müssen wir also die Wolken beobachten, nicht als unveränderliche Wattebausche, die als Schmuck am Himmel stehen. Ständig sind sie im Wachsen und Vergehen!

Man ordnet die Vielfalt der Wolkenformen zweckmäßig zunächst nach *Wolken-Stockwerken*. Man unterscheidet

1. Hohe Wolken (über 6000 m hoch)
2. Mittelhohe Wolken (2500—6000 m hoch)
3. Niedrige Wolken (unter 2500 m hoch)
4. Wolken mit vertikalem Aufbau, die ihre Basis im Bereich der tiefen Wolken haben, aber bis in den Bereich der hohen Wolken reichen.

Andererseits unterscheiden wir sie ihrer Form nach in

1. Haufenwolken (Cumulus-Wolken)
2. Schichtwolken (Stratus-Wolken).

Haufenwolken sind einzelne, scharf begrenzte Wolken vertikaler Entwicklungstendenz, Schichtwolken sind gleichförmige Wolkendecken ohne Gliederung, horizontale Wolken.

Haufenwolken mit ihren aufquellenden Formen (wie Blumenkohl sehen sie oft aus) entstehen bei vertikalem Aufsteigen der Luft, Schichtwolken mit ihrer vorwiegend horizontalen Erstreckung entstehen bei ganz langsamem Aufsteigen warmer, feuchter Luftmassen in weiten Gebieten oder beim Aufgleiten (vergl. Zyklonentheorie, Seite 100 ff).

Geben wir allen mittelhohen Wolken den Vornamen alto- und allen hohen Wolken den Vornamen cirro-, so erhalten wir sechs Hauptwolkengruppen:

Hohe Wolken	Cirrocumulus (Cc)	Cirrostratus (Cs)
Mittelhohe Wolken	Altocumulus (Ac)	Altostratus (As)
Niedrige Wolken	Cumulus (Cu)	Stratus (St)

Die Buchstaben in den Klammern sind die üblichen Abkürzungen. Mit diesen Namen sind die wichtigsten Wolken zu erfassen.

Ist die Wolke im unteren Teil sehr dunkel, kann man auf eine große Mächtigkeit der Wolke schließen.

Haufenwolken bauen sich auf einer flachen Basis auf, die uns als Kondensationsgrenze die Höhe angibt, in welcher die aufsteigende Luft den Taupunkt erreicht hat.

Schieben sich Haufenwolken zu einer geschlossenen Decke zusammen, spricht man von *Stratocumuluswolken.*

Wolken, die sich auflösen, z. B. Wolken in absteigenden Luftströmen, haben verwaschene Ränder und die flache Form einer Zigarre, sind *„linsenförmig"* (lenticularis).

Quellen aus einer mittelhohen Bewölkung Haufenwolkenköpfe wie kleine Türme einer Befestigungsanlage auf, so spricht man von *Türmchenwolken* (castellanus). Sie treten besonders im Sommer auf und sind ein ziemlich sicheres Zeichen für Gewitter.

Wenn eine aufsteigende Haufenwolke gegen eine Sperrschicht stößt, über der wärmere Luft liegt, breitet sie sich unter der Sperrschicht horizontal aus und nimmt die Form eines Pilzes oder Ambosses an (*Amboß-form).* (Abbildung 14 Seite 49).

Hat die Wolke noch die Kraft, die Sperrschicht zu durchstoßen, hebt sie die über ihr liegende Luft an. Wenn diese mit Wasserdampf gesättigt war, bilden sich zarte weiße Wolken wie eine *Kappe* um den Cumuluskopf.

Oft bilden sich an den Grenzflächen zwischen wärmerer und kälterer Luft Wellenbewegungen heraus, wie auf der See, wenn der Wind darüber hinstreicht. Es fließe z. B. wärmere Luft über kältere. Ist die untere Schicht gesättigt, so wird in den Wellenbergen Kondensation eintreten, in den Tälern nicht. Der ganze Himmel überzieht sich mit parallelen Wolkenstreifen. Wir sprechen von einer *Wogenform* (undulatus).

Gelegentlich sieht man eine geschlossene Decke von Wolken, die alle nach unten gewölbt sind (*Mammato-*Wolken). Aus ihnen fällt meist kein Regen, man findet sie am Rande von Gewitterwolken.

Vergleiche diese Schilderungen mit den Abbildungen auf der herausklappbaren Wolkentafel am Ende des Buches!

Wie entstehen die Wolken?

Wolken entstehen, wenn aufsteigende Luft sich abkühlt. Sie zeigen also an, daß an dem Ort, wo sie liegen, Luft aufsteigt.
Einige Beispiele!
Wenn an Sommertagen das Land sich erhitzt, steigt die Luft darüber auf, es entstehen die *Schönwettercumuli,* die dann gegen Abend sich wieder auflösen. Ist der Auftrieb sehr stark, bilden sich große *Quellköpfe* (cumulus congestus).
Stoßen Winde auf eine Steilküste, so steigen sie an dieser auf. Waren es von See kommende feuchte Luftmassen, bilden sich an der Luvseite des Gebirges Haufenwolken, aus denen eventuell auch Regen fällt. Beispiel: Westwind an der Küste Norwegens.
Aufsteigen der Luft muß auch eintreten, wenn zwei Luftmassen aus entgegengesetzten Richtungen aufeinander zu strömen, wie die Passate (siehe Seite 81). An der „Front", in diesem Falle am Äquator (siehe Abbildung 46), ruft die aufsteigende Luft mächtige Cumulus- und Regenwolken und riesige Regenfälle hervor.
Auch in den großen Wirbeln der Orkane (siehe Seite 94) wird die Luft emporgerissen und abgekühlt.
Für diese eben geschilderten Vorgänge ist die Haufenwolke charakteristisch.
Das Anheben kann aber auch durch langsames, mehr horizontales Aufgleiten erfolgen (siehe Seite 100). Dann bilden sich Schichtwolken (Stratus), über große Flächen ungegliedert.
In heißem Klima und bei uns im Sommer ist überwiegend Haufenbewölkung, in kaltem Klima und bei uns im Winter, überwiegend Schichtbewölkung zu erwarten.
Wegen der größeren Luftfeuchte ist die Bewölkung über See im Mittel stärker als über Land. Es überwiegen die Schichtwolken und zerrissene Wolken, ihre untere Grenze liegt tiefer als über Land.

Grad der Bedeckung mit Wolken

Um den Bewölkungsgrad zu beschreiben, wird der Stationskreis mehr oder weniger ausgefüllt. Ist der Kreis leer, war der Himmel an der Station wolkenlos, ist er ganz ausgefüllt, war der Himmel ganz mit Wolken bedeckt.

Zwischenstufen werden in Achteln geschätzt und wie folgt bezeichnet:

○ wolkenlos   ◕ ³/₄ bedeckt, wolkig

◔ ¹/₄ bedeckt, heiter   ◕ ⁷/₈ bedeckt,
                                   einzelne Wolkenlücken

◑ halb bedeckt   ● ganz bedeckt

Wer selbst derartige Angaben machen will, bedenke, daß man den Be-
deckungsgrad in der Nähe des Horizontes leicht überschätzt (Kulissen-
wirkung).

Regen, Schnee und Hagel

Nun noch einige Vokabeln zum Kapitel Niederschlag!
Es bilden sich um die Kondensationskerne Wassertröpfchen. Die Durchmesser dieser Wassertröpfchen sind sehr verschieden groß. Nebeltröpf-
chen haben nur 0,004—0,08 mm Durchmesser und fallen demnach nur
sehr, sehr langsam (Fallgeschwindigkeit 0,05—20 cm/sec).
Die sehr kleinen Tröpfchen des Sprühregens (Niesel) haben einen Durchmesser von 0,08—0,6 mm.
Bei Regentropfen können die Durchmesser bis zu 6 mm, ihre Fallgeschwindigkeit bis zu 800 cm/sec ansteigen.
Als Maß für die Stärke eines Niederschlages wird in Wetterschilderungen
angegeben, mit wieviel Millimetern der Regen die Erde bedecken würde,
wenn nichts verdunsten, versickern oder abfließen würde. Diesen Wert
bestimmt man in den Wetterwarten mit einem *Regenmesser.* Einen Regenmesser zeigt die Abbildung 15. Wir erkennen einen Auffangtrichter,
dessen Öffnungsfläche man kennt, und darunter ein Meßgefäß.
Wenn auch Schnee, Hagel und Graupeln mit erfaßt werden sollen, muß
die Anlage beheizt werden.

Ist die Temperatur unter 0°, scheidet sich der Wasserdampf in fester Form aus.

Schnee besteht aus sechsstrahligen Eissternen, deren Formreichtum des Aufbaus immer wieder Staunen erregt. Er entsteht in großen Höhen, d. h.

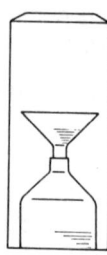

Abbildung 15: Regenmesser

bei sehr tiefen Temperaturen und baut sich sehr langsam aus kleinsten Eisplättchen auf, an die sich immer mehr Kristalle ansetzen, bis bei Temperaturen um 0° C dichte *Schneeflocken* entstehen.

Graupeln sind undurchsichtige kleine Eiskörner. Sie entstehen, wenn unterkühlte Tröpfchen mit Eiskristallen zusammenstoßen und mit dem Eiskristall zusammenfrieren. Man kann sie leicht zwischen den Fingern zerreiben.

Hagel dagegen besteht aus Eisstücken, die bis zu 5 cm Durchmesser haben können. Um einen undurchsichtigen Kern liegen konzentrische Eisschalen. Diese Schalen entstehen, wenn ein zunächst kleines Eisstück in auf- und absteigenden Luftströmungen immer wieder hoch- und niedergerissen wird. Im Gegensatz zu den Graupeln kann man sie nicht zerreiben.

Wenn Wasserdampf — bei sehr großer Kälte — unmittelbar in kleine Eiskristalle übergeht, entsteht der *Eisstaub,* welcher der ganzen Luft ein Flimmern gibt.

Gewitter

Zu den gewaltigsten Naturerscheinungen, die wir als Segler erleben können, gehören die elektrischen Erscheinungen der Atmosphäre. Unsere Erdkugel ist von einem elektrischen Feld umgeben, und zwar ist die Erdoberfläche negativ geladen gegen die Luftschichten. Das Spannungsgefälle ist bei normalem Wetter ziemlich konstant (~ 100 V pro 1 Meter), kann aber bei Nebel und Gewitter auf sehr große Werte ansteigen.

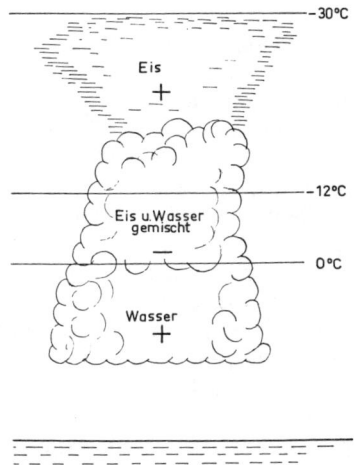

Abbildung 16: Gewitterwolke

Gewitter entstehen bei heftigem Aufsteigen feuchter und warmer Luft in große Höhen. Es entstehen dann die mächtigen, bis 10 km hochschießenden Cumulustürme, aus denen starker Regen, eventuell Hagel- oder Schneeschauer wolkenbruchartig niedergehen. Diese Kondensationen sind mit elektrischen Aufladungen verbunden (vergleiche Abbildung 16). Wird der Spannungsunterschied zwischen den verschieden geladenen Schichten zu groß, entsteht ein *Blitz*. Diese Blitze können von Wolkenteil zu Wolkenteil, aber auch zwischen Wolke und Erdboden entstehen.

43

Es sind im allgemeinen *Linienblitze*, die mehrere Kilometer lang sein können, und Stromstärken von 20 000 Ampère erreichen. Die in der Blitzbahn stark erhitzte Luft wird explosionsartig auseinandergeschleudert, wir hören das als *Donner*. Der Donner wird oft vielfach an anderen Wolken oder Küstengebirgen reflektiert, wir hören ihn mehrfach, der Donner *rollt*.

Den Blitz sehen wir, den Donner hören wir. Da die Lichtgeschwindigkeit 300 000 km/sec beträgt, sehen wir einen Blitz praktisch sofort. Der Schall braucht aber bei seiner Geschwindigkeit von 330 m/sec eine ganze Zeit, um uns zu erreichen! Ist das Gewitter noch weit weg, kommt der Donner erst sekundenlang später. Wir können aus der Ankunftzeitdifferenz den Abstand berechnen, den das Gewitter noch von uns hat:

Teilt man den Zeitunterschied Blitz-Donner (in Sekunden) durch 3, so erhält man die ungefähre Entfernung in Kilometern. Teilt man sie durch 5, erhält man die ungefähre Entfernung in Seemeilen.

Es kann vorkommen, daß ein Gewitter so weit entfernt ist, daß man den Donner nicht mehr hört. Man beobachtet dann *Wetterleuchten*.

Sieht man den Blitz selbst nicht, sondern nur, wie die Wolke vom Blitz beleuchtet wird, spricht man von *Flächenblitzen*. Solche Flächenblitze können aber auch Glimmentladungen über die Wolkenfläche hin sein.

Ganz selten vorkommend und noch gar nicht geklärt sind die Erscheinungen des *Kugelblitzes* und des *Perlschnurblitzes*.

Ein elektrischer Spannungsunterschied kann sich aber auch als Büschelentladung an Mastspitzen oder Blitzableitern entladen. Man spricht dann von Elmsfeuer. Wer hat dies auf seinem Boot schon beobachtet?

Kann ein Blitz in unsere Yacht einschlagen und Schaden anrichten? Blitzeinschläge kommen natürlich vor. Und wenn es sich um ungesicherte hölzerne Fahrzeuge handelt, kann arger Schaden entstehen! Erlitt doch schon Odysseus vor der Insel der Kalypso Schiffbruch, weil ein Blitz den Mast seines Schiffes zertrümmerte. Während auch aus der Berufsschiffahrt schwere Schäden an hölzernen Fahrzeugen beschrieben sind, führt ein Blitzeinschlag auf den modernen Eisenschiffen höchstens zu Kompaßstörungen und eventuell zu Antennenbeschädigungen. Nach den Unfallverhütungsvorschriften der See-Berufsgenossenschaft müssen hölzerne Schiffe, um den Blitz metallisch abzuleiten, Blitzableiter haben, die bis zum Wasserspiegel reichen. Dasselbe ist für hölzerne Yachten zu empfehlen.

Optische Erscheinungen

Wundervolle Naturschauspiele sind das Wasserziehen der Sonne, Höfe um Sonne und Mond, Halo und Regenbogen, aber sie sind für uns mehr, wenn wir wissen, wie sie entstehen. Sie sagen uns nämlich etwas über die Feuchte der Luft (Wassertröpfchen oder Eiskristalle) und gestatten uns dadurch, Wettervorhersagen zu machen.

Ein *Hof* ist ein weißliches oder gelbliches, eventuell braunumrandetes kleines Gebiet um Sonne oder Mond, wenn diese durch eine Wolkenschicht hindurchscheinen. Der Hof entsteht dadurch, daß das Sonnen- oder Mondlicht an den Wassertröpfchen der Wolke gebeugt wird. Diese Beugung wird um so stärker, je kleiner die Tröpfchen sind und je gleichförmiger sie verteilt sind. Ganz dünne hohe Schichtwolken verraten sich vor allem durch solche Höfe.

Die seltsamen *Halos* um die Sonne dagegen entstehen durch Brechung und Beugung des Sonnenlichtes an kleinen Eiskristallen, wie sie in den hohen Cirruswolken vorhanden sind. Diese verraten sich also durch die Ringe, Nebensonnen usw. eines Halos.

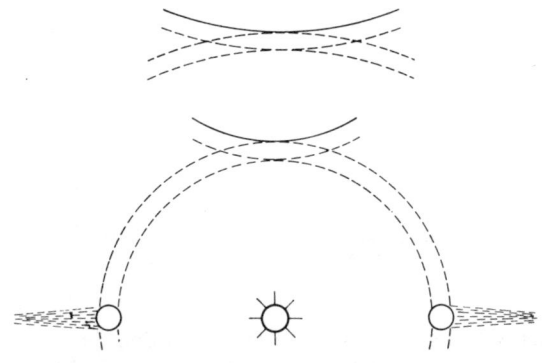

Abbildung 17: Halo

Die Ringe um die Sonne haben bei einem Halo immer dieselben Halbmesser (22° und 46°). Außer den Ringen beobachtet man gelegentlich einen Horizontalkreis, eine vertikale Lichtsäule durch die Sonne und an den Schnittpunkten der Kreise die *Nebensonnen*. Wer einen Halo beobachtet, sollte ihn zeichnen und mit den notwendigen Zeit- und Wetterangaben dem Seewetteramt einen kleinen Bericht erstatten. Denn für die nähere Durchforschung dieser Erscheinungen fehlt es an gutem Beobachtungsmaterial. Im Gegensatz zum Experimentalphysiker, der die Natur durch einen wohlüberlegten Versuch befragen kann, muß der Meteorologe warten, bis die Natur sich verrät, ihm Material gibt. Und dieses Material liefert sie ihm nicht ins Studierzimmer. Bald hier, bald da „halot" es, aber ob gerade ein Meteorologe zur Stelle war, ist *sehr* fraglich. Wenn aber alle Freunde der See, Berufsfahrer und Wassersportler, auf der Lauer liegen, kommt schon eher gutes Material zusammen, das als Grundlage des Forschens geeignet ist!

Wir alle sind doch irgendwie Nutznießer der Arbeit der Meteorologen — das soll uns auch dies Büchlein zeigen —, ob wir nun Wetterberichte hören oder Monatskarten oder Seehandbücher bei der Planung unserer Reisen studieren.

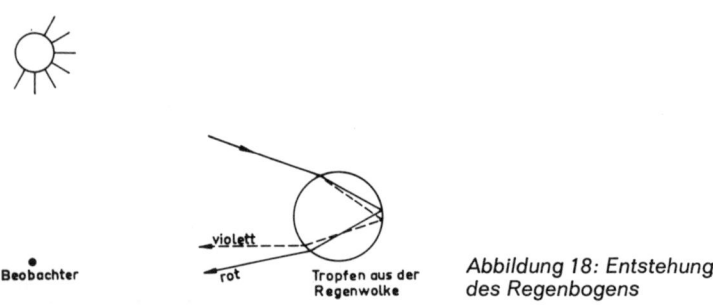

Abbildung 18: Entstehung des Regenbogens

Da sollten wir uns auch als Mitarbeiter des Wetterdienstes und der Wetterforscher fühlen und auf die vorgeschlagene Weise mithelfen, die Ergebnisse der Wetterkunde immer mehr zu sichern und zu ergänzen.

Uns allen ist aus vielen Beobachtungen der *Regenbogen* bekannt. Er entsteht, wenn die Sonne seitlich gegen die Haufenwolken eines Regenschauers scheint. Er hat immer einen Durchmesser von 41° und hat seinen

Mittelpunkt im „Gegenpunkt" der Sonne. Steht die Sonne tief, steht also der Regenbogen hoch und umgekehrt. Wir bewundern im Regenbogen die leuchtenden *Spektral*farben vom Rot bis zum Violett, in die das Licht der Sonne durch Brechung im Regenbogen zerlegt wird. Je größer die Tropfen, desto leuchtender die Farben!
Auch das „Wasserziehen" der Sonne verrät uns, daß die Luft sehr feucht ist und daher Schlechtwetter zu erwarten ist.

Eis

Wenn wir auch wahrscheinlich mit dem Eis des Meeres nichts zu schaffen haben werden, da unsere Boote im Winterlager liegen, wenn sich über unseren Meeren Eis bildet, wollen wir doch ganz kurz auch von diesem „Aggregatzustand" des Wassers sprechen.
Das Meereseis, das zunächst nur aus einzelnen Eiskristallen besteht, wird bei weiterem Absinken der Wassertemperatur festere Formen annehmen (Eisbrei, Pfannkucheneis, Eiskruste, Kerneis) und schließlich in Buchten und an der Küste zu einer Eisdecke zusammenwachsen, die schließlich so dick wird, daß jede Schiffahrt unmöglich wird.
Wind und Seegang können diese Decke in *Schollen* zerbrechen, die eventuell treiben *(Treibeis)* und diese Schollen so übereinander schieben, daß *Packeis* entsteht. Es ist möglich, daß der Wind ganze Packeisfelder von der Küste abtreibt, so daß unter der Küste eine befahrbare *Seerinne* entsteht.
Im Unterschied zu diesem aus Meerwasser entstandenen *Feldeis* sind die *Eisberge,* die im Gebiet der Neufundlandbänke die Schiffahrt behindern, Süßwassereis, das von den Gletschern Grönlands abgebrochen ist.

II. Wie lege ich das Wetter durch Messungen genauer fest?

(Kleine Instrumentenkunde)

Barometer, Barograph

Der Luftdruck wird gemessen mit dem *Barometer,* auf Schiffen heute fast immer mit einem *Aneroid*-Barometer (Trockenbarometer, Dosenbarometer).

Eine aus dünnem Beryllium oder Stahlblech hergestellte Dose, die luftleer gemacht ist, steht durch ein stark vergrößerndes Hebelwerk mit dem Zeiger in Verbindung, der über einer Skala spielt. Wird der Luftdruck größer, so preßt er die Barometerdose ein wenig zusammen, der Zeiger wandert im Uhrzeigersinne aus. Fällt der Luftdruck, so hebt sich die federnde Metallfläche, der Zeiger dreht sich gegen den Uhrzeiger.

Diese Instrumente zeigen also nur das Steigen und Fallen des Luftdrucks an, nicht den absoluten Wert. Man kann das Instrument aber *eichen,* indem man seine Anzeige mit der eines einwandfreien Quecksilberbarometers vergleicht und so der Skala eine Millibar- oder Millimetereinteilung gibt.

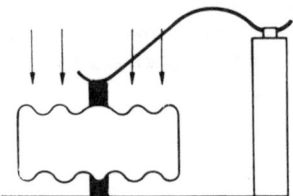

Abbildung 19: Prinzip des Aneroid-Barometers

An der Rückseite des Barometers findet man leicht die Stellschraube, mit der man die Anzeige auf den richtigen Wert bringen kann. Man sollte das aber nicht zu oft tun, damit die Schraube nicht „ausleiert". An sich ist, wie wir sehen werden, der absolute Wert des Luftdrucks überhaupt nicht das

Photo Dr. Krügler

Abbildung 14: Drei Amboßwolken

Interessanteste, sondern das Steigen oder Fallen des Druckes, die *Tendenz* des Luftdrucks.

In kritischen Wettersituationen wird man oft beobachten. Man stellt dann den *Merkzeiger*, der unabhängig vom Meßwerk am Gehäuse, in der Mitte der Vorderglasplatte, drehbar angebracht ist, auf den beobachteten Wert und sieht nun bei der nächsten Beobachtung an der Stellung des Instrumentenzeigers zum Merkzeiger sofort, ob der Luftdruck — nicht das Barometer, wie man oft falsch hört — gefallen oder gestiegen ist.

Abbildung 20: Aneroid-Barometer

Da in der Übertragung leicht eine gewisse Unempfindlichkeit durch die Reibung vorhanden sein kann, empfiehlt es sich, vor jeder Ablesung gegen das Glas zu klopfen. Aber bitte nicht mit der Faust, sondern ganz zart!

Die Angaben „Sturm, Regen, Veränderlich, Schönwetter", die manche Barometer tragen, sollte man nicht beachten. Wir werden z. B. hören, daß es bei uns im Winter bei sehr hohem Luftdruck tagelang trübes, nebliges Wetter geben kann usf.

Noch einen guten Rat: Barometer sind Präzisions-Instrumente. Gehäuse und Werk sind empfindlich gegen Witterungseinflüsse. Bauen Sie Ihr Barometer vor der Winterlagerung aus und verwahren es zu Hause!

Ein Barometer ist, besonders in den billigeren Ausführungen, etwas temperaturempfindlich. Bringen Sie es daher auf Ihrem Boot so an, daß es möglichst geringen Temperaturschwankungen ausgesetzt ist, vor allem so, daß es vor direkter Sonnenstrahlung geschützt ist.

Das geschilderte Zeiger-Barometer zeigt nur den augenblicklichen Luftdruck an. Wollen wir den zeitlichen Ablauf erkennen und für die Beur-

Abbildung 21: Barograph

teilung der weiteren Wetterentwicklung auswerten, müssen wir einen Luftdruck*schreiber* haben, ein *Registrier*-Barometer, auch *Barograph* genannt, das in einer fortlaufenden Linie den Verlauf der Luftdruckänderungen aufzeichnet.

Ein Barograph hat mehrere — in der Abbildung 21 acht — Aneroiddosen übereinander, um größere Anzeigen zu erhalten. Ein Schreibhebel überträgt die Luftdruckanzeigen auf einen geeignet vorgedruckten Papierstreifen, der auf einer Trommel sitzt, die sich langsam dreht, und zwar einmal in der Woche.

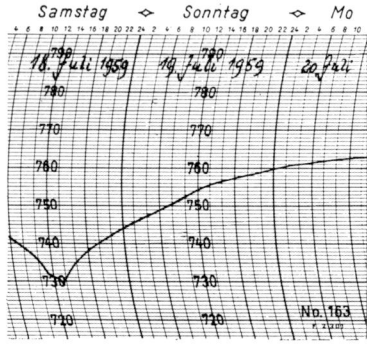

Abbildung 22: Barogramm

Bedienung, Aufziehen des Uhrwerks und Auswechseln des Registrierstreifens sind leicht zu erlernen.

Jeder wird einsehen, daß diese Luftdruckschreiber stark beeinflußt werden durch die Schiffsbewegungen im Seegang. Instrumente, bei denen Öldämpfung und Kompensationseinrichtungen diese Einflüsse ausschalten, sind gebaut (Lang'scher Barograph), aber für uns Sportsegler wohl zu teuer.

Auf Motorbooten werden die Schiffsvibrationen störend wirken können. Man lege zum Schutz Filz- oder Schaumstoffplatten unter das Instrument!

Thermometer, Thermograph

Temperaturmessungen an Bord sind sehr vorsichtig durchzuführen, wenn man einwandfreie, d. h. nicht durch das Boot beeinflußte Werte der Temperatur der Luft an dieser Stelle des Luftmeeres haben will.

Man wird in Luv messen und das Thermometer so gut wie nur möglich vor direkter Sonnenbestrahlung schützen.

Auf den Wetter- und Forschungsschiffen und in der Handelsmarine werden sogenannte *Schleuderthermometer* benutzt, um zu einwandfreien Meßwerten zu kommen. Das Thermometer steckt in einem verchromten Messingrohr, das nur schmale Schlitze zum Ablesen hat. Dieses Rohr wird um einen Griff in leicht kreisende Bewegungen gesetzt, damit dauernd frische Luft an der Thermometerkugel vorbeiströmt. Weht ein kräftiger Wind, braucht man es natürlich nur in den Wind zu halten.

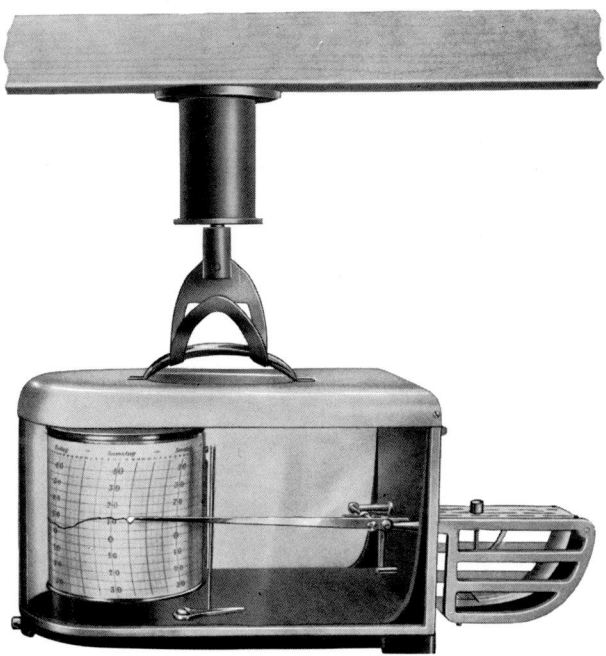

Abbildung 23: Thermograph in federnder Aufhängung

Auch die Lufttemperatur kann laufend aufgezeichnet werden *(Thermograph)*. Diese Geräte enthalten meistens ein Bimetallthermometer, das aus zwei gekrümmten, aufeinandergeschweißten Streifen von Metallen verschiedenen Wärmeausdehnungsvermögens besteht. Ändert sich die

Temperatur krümmt sich der Streifen, und diese Krümmung wird durch den Schreibhebel sichtbar gemacht und auf dem Papierstreifen aufgeschrieben, der von einer Trommel einmal in der Woche herumgedreht wird.

Einen Thermographen brauchen wir für unsere „Station" nicht anzuschaffen.

Die *Wassertemperatur* werden wir nicht messen. Wer es tun will, muß mit einer Pütz Wasser aufschlagen. Man stellt die Pütz dann am besten in den Schatten und läßt das Thermometer mit seiner Kugel so lange unter Wasser, bis der Stand sich nicht mehr ändert (langsam umrühren!).

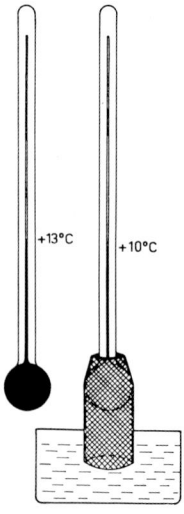

Abbildung 24: Messung der relativen Feuchte der Luft

Feuchtigkeitsmesser

Wenn die relative Feuchte eine so aufschlußreiche Größe ist, werden wir sie auch messen wollen.

Instrumente zum Messen der Luftfeuchte heißen *Hygrometer* oder *Psychrometer*.

PSYCHROMETERTAFEL

Temperatur °C	absolute Feuchte	Temperaturunterschied trockenes — feuchtes Thermometer									
		1°	2°	3°	4°	5°	6°	7°	8°	9°	10°
— 20	1,17										
— 15	1,6	55									
— 10	2,4	66	33								
— 9	2,5	68	37								
— 8	2,7	70	42								
— 7	3,0	72	45	18							
— 6	3,2	74	48	22							
— 5	3,4	75	51	28							
— 4	3,7	77	54	32							
— 3	3,9	78	57	36	16						
— 2	4,2	79	59	39	20						
— 1	4,5	80	61	43	24						
± 0	4,8	81	63	46	28	12					
+ 1	5,2	83	65	49	32	16					
+ 2	5,6	84	68	52	36	21					
+ 3	6,0	84	69	54	39	25	10				
+ 4	6,4	85	70	56	42	28	15				
+ 5	6,8	86	72	58	45	32	19	6			
+ 6	7,3	86	73	60	47	35	23	10			
+ 7	7,8	87	74	61	49	37	26	14			
+ 8	8,3	87	75	63	51	40	28	18	7		
+ 9	8,8	88	76	64	53	42	31	21	11		
+ 10	9,4	88	76	65	54	44	34	24	14	4	
+ 11	10,0	88	77	66	56	46	36	26	17	8	
+ 12	10,7	89	78	68	57	48	38	29	20	11	
+ 13	11,4	89	79	69	59	49	40	31	23	14	6
+ 14	12,1	90	79	70	60	51	42	33	25	17	9
+ 15	12,9	90	80	70	61	52	44	36	27	19	12
+ 16	13,7	90	81	71	62	54	45	37	30	22	15
+ 17	14,5	90	81	72	63	55	47	39	32	24	17
+ 18	15,4	91	82	73	64	56	48	41	34	26	20
+ 19	16,3	91	82	74	65	57	50	42	35	28	22
+ 20	17,3	91	83	74	66	59	51	44	37	30	24
+ 21	18,4	91	83	75	67	60	52	46	39	32	25
+ 22	19,4	92	83	76	68	61	54	47	40	34	28
+ 23	20,6	92	84	76	69	61	55	48	42	35	29
+ 24	21,8	92	84	77	69	62	56	49	43	37	31
+ 25	23,1	92	84	77	70	63	57	50	44	38	33
+ 26	24,4	92	85	78	71	64	58	50	45	40	34
+ 27	25,8	92	85	78	71	65	58	52	46	41	35
+ 28	27,2	93	85	78	72	65	59	53	48	42	37
+ 29	28,8	93	86	79	72	66	60	54	49	43	38
+ 30	30,4	93	86	79	73	67	61	55	50	44	39

Bekannt sind die Haar-Hygrometer, bei denen die Tatsache ausgenutzt wird, daß ein entfettetes menschliches Haar Wasserdampf aus der Luft aufnimmt und sich dadurch verlängert.
Bei starkem Nebel müssen diese Instrumente 100 % anzeigen.
Die Wissenschaftler messen die relative Feuchte, indem sie zwei Thermometer ablesen, von denen die Kugel des einen mit einem Musselinläppchen umwickelt ist, dessen Ende in ein Gefäß mit Wasser taucht. Dadurch wird das Läppchen dauernd feucht gehalten, und an der Kugel verdunstet nun im freien Luftzug — für den ich sorgen muß — dauernd Wasser. Jede Verdunstung, so lernten wir im Physikunterricht, benötigt aber Wärme. Diese Wärme wird der Thermometerkugel entzogen, das feuchte Thermometer zeigt dann eine niedrigere Temperatur an als das trockene. Der Unterschied der Ablesungen am trockenen und feuchten Thermometer und die Temperatur am trockenen Thermometer geben die relative Feuchte. Den Wert kann man einer „Psychrometertafel" entnehmen, wie sie auf Seite 55 abgedruckt ist.
Wer zwei gleiche Thermometer besitzt, sollte diese interessante Messung regelmäßig ausführen.

Windmesser

Zum Messen der Windgeschwindigkeit benutzen wir einen Hand-Windmesser (Anemometer) wie ihn Abbildung 26 zeigt. Seine Skala ist in Meter pro Sekunde, eventuell auch nach Beaufort geteilt.

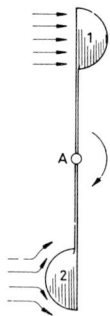

Abbildung 25: Prinzip des Windstärkenmessers mit Schalenkreuz

Normaler Meßbereich: 0 bis 25 m/sec (0 bis 9 Beaufort).
Das Gerät ist wasserdicht eingekapselt.
Der augenblickliche Meßwert kann durch eine Arretierung festgehalten werden.
Manche Windmesser haben ein Photo-Gewinde zwischen Handgriff und Gerät, so daß man den Windmesser auch auf ein Stativ schrauben kann.
Windmesser arbeiten mit einem *„Schalenkreuz"*, wie es die Abbildung 25 andeutet. Dem Windstrom bietet die Schale 1 in der gezeichneten

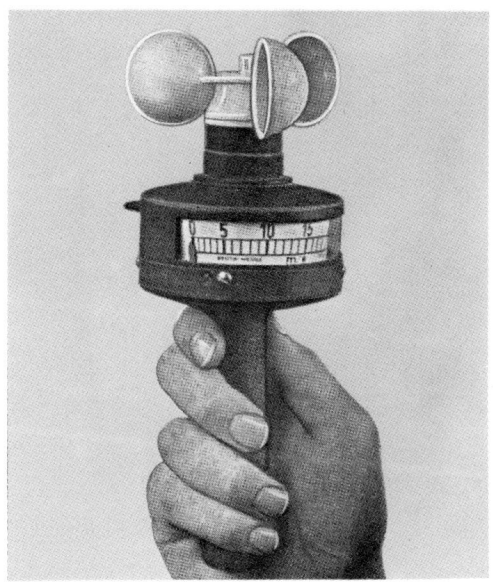

Abbildung 26: Hand-Windmesser

Lage mehr Widerstand als die Schale 2. Das Schalenpaar dreht sich daher um die Achse A im Uhrzeigersinn, und zwar um so schneller, je stärker der Wind weht. Die Anzahl der Umdrehungen pro Sekunde kann gezählt werden und ist ein Maß für die Windstärke.

Heute verwendet man drei symmetrisch angebrachte Schalen, um keinen toten Punkt zu bekommen.
Eine interessante ganz anders geartete Konstruktion verwendet das schwedische *Ventimeter*. Es mißt den Druck, mit dem der zu messende Wind eine Meßscheibe anhebt, die in einem Hohlzylinder angeordnet ist. Das Gerät, das uns die Abbildung 27 zeigt, ist frei von rotierenden Teilen und aus stoßunempfindlichem Kunststoff hergestellt und daher wetterfest. Da der Handgriff hohl ist, ist das Gerät sogar schwimmfähig. Zum Messen wird das Ventimeter senkrecht in Augeshöhe gehalten, die Düse direkt gegen den Wind. Man liest die Windstärke in m/sec ab. Im Handgriff sind Umrechnungstabellen eingelassen.

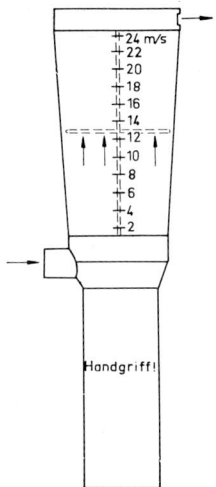

Abbildung 27: Ventimeter

Fernanzeigende Windmesser

Man kann das Schalenkreuz des Anemometers auch an einer meßtechnisch besonders günstigen Stelle des Schiffes einbauen und seine Anzeige elektrisch fernanzeigen. Man kann z. B. das Meßgerät im Masttopp anbringen und ist so davor geschützt, im sicheren Hafen auf seinem Boot einen durch Kai oder andere Hindernisse verfälschten Wind in seine Planung einzusetzen.

Abbildung 28: Fernanzeigender Windmesser

Wenn das Schalenkreuz sich im Winde dreht, treibt es gleichzeitig einen kleinen Gleichstromgenerator an, dessen Spannung mit der Drehzahl des Windmessers und damit mit der Windstärke steigt. Die erzeugte Spannung wird durch ein leicht zu verlegendes Kabel auf ein Anzeigegerät übertragen, das nun gleich in Windstärken geeicht wird, etwa wie im Falle der Abbildung 28 (Yacht-Windmesser der Firma Wilh. Lambrecht) in m/s und Beaufort.

Das Meßgerät sollte in der Kajüte angebracht werden, oder wenn im Cockpit, an einer geschützten Stelle, damit es nicht dem schädlichen Spritzwasser ausgesetzt ist.

Diese Windmesser zeigen auch Böenspitzen an, können sie aber natürlich nicht aufschreiben.

III. Wie müßte sich das Wetter entwickeln?

(Wetter„kunde")

Nachdem wir nun gelernt haben, nach allen Regeln der Kunst das Wetter einzuordnen und zu beschreiben, ja sogar die Grundgrößen zu messen, erhebt sich die wichtigste Frage: Wie wird sich das Wetter entwickeln? Welches Wetter habe ich zu erwarten? Soll ich auslaufen? usw. Um derartige Entscheidungen treffen zu können, muß ich zuerst einmal wissen, nach welchen Gesetzen das Wetter „funktioniert" und welche Wind- und Wetterverhältnisse ich normalerweise in dem Seeraum zu erwarten habe, in dem ich mich aufhalten will oder schon schwimme. Kurz: Wir brauchen eine kleine Wetter*kunde!*

Für diese Lektion müssen wir einige einfache Vorkenntnisse aus der Physik benutzen, die aber jedem von uns geläufig sein werden.

Das beschriebene und durch Messungen festgelegte Wetter wird ganz offenbar von gewaltigen Kräften gelenkt und in Gang gehalten. Wir beginnen daher unsere Wetter„kunde", unsere Suche nach den Grundgesetzen des Wetters, mit der einfachen Frage: Woher kommt die Energie, welche die gewaltigen Stürme, Gewitter oder Wolkenbrüche in Gang setzt, die unsere Seefahrt so dramatisch machen können?

Wir fragen zunächst, wie sich unsere Lufthülle überhaupt erwärmt. Zweierlei Möglichkeiten sind zu betrachten: 1. Dynamische Erwärmung, 2. Erwärmung durch die Sonnenstrahlung.

Dynamische Erwärmung und Abkühlung der Luft

Auch wenn man der Luft keine Wärme von außen zuführt, kann man sie *dynamisch* erwärmen, indem man sie unter höheren Druck bringt. Wir kennen das vielleicht vom Heißwerden unserer Fahrradpumpe, wenn wir mal zu forsch pumpten, d. h. die Luft zu stark „komprimierten", zusammenpreßten.

Praktisch kommt es in vielen Fällen vor, daß eine Luftmasse, ohne daß sonst irgendwie Wärme zugeführt oder abgeleitet wird, unter höheren Druck kommt, wenn sie nämlich herabsinkt, etwa von der Höhe eines Steilufers auf die See.
Umgekehrt kühlt sich Luft dynamisch ab, die unter niedrigeren Druck kommt, z. B. Luft die an einem Gebirge aufgleitet.

Erwärmung durch Sonnenstrahlung

Ein verschwenderischer, höchst zuverlässiger Wärmelieferant ist unsere Sonne.
Im „Kleinen Sternenbuch" lesen wir zwar, daß die Sonne in einem Abstand von 150 000 000 Kilometern von der Erde steht, also sehr weit weg. Aber sie ist ein Riese, verglichen mit der Erde. Sie hat einen Durchmesser von 1 392 000 Kilometern. 110 Erdkugeln müßte man aneinander reihen, um diese Strecke zu erhalten. Dieser Riese hat schon an der Oberfläche eine Temperatur von 6000°, im Innern steigt die Temperatur auf Millionen Grade. Groß ist daher die von der Sonne in den Weltraum ausgestrahlte Energie.
Wir auf unserer weit entfernten kleinen Erde erhalten davon nur einen verschwindend kleinen Bruchteil, wie die Abbildung 29 andeutet, aber immer noch so viel davon, daß an der Grenze der Lufthülle in jeder Minute (bei senkrechtem Einfall) etwa 20 Wärme-Einheiten (Kilokalorien) auf den Quadratmeter kommen (Solarkonstante).

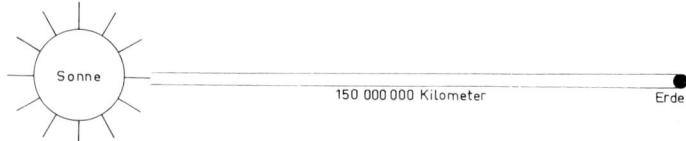

Abbildung 29: Sonne und Erde

Diese Wärmemenge würde ausreichen, so hat jemand berechnet, um in einem Jahr eine Eisdecke von 40 m Dicke rings um die Erde wegzuschmelzen.

Die Strahlung der Sonne besteht aus Wellen sehr verschieden großer Wellenlängen, ihr „Spektrum" reicht von elektrischen Wellen über Wärmestrahlen, Lichtstrahlen, Ultraviolettstrahlen bis zu den Röntgenstrahlen. Aber die Atmosphäre läßt nicht alle Wellen durch, nur die Licht- und Wärmestrahlen sind für eine „Strahlungsbilanz" der Erdoberfläche von Bedeutung.

Von der zugestrahlten Sonnenenergie in Form der kurzwelligen Lichtstrahlen erreicht nur etwa 27 % die Erdoberfläche direkt. 15 % werden von der Atmosphäre aufgenommen (absorbiert). Der Rest (100 % — 15 % — 27 % = 58 %), also mehr als die Hälfte, wird an Luftteilchen oder Wolken in alle Richtungen zerstreut, ein wesentlicher Teil auch in den Weltraum zurückgeworfen.

Die Strahlen werden an den Luftmolekülen diffus, d. h. nach allen Richtungen unregelmäßig zerstreut, und zwar werden kurzwellige Strahlen mehr gestreut als langwellige, also von den Lichtstrahlen die blauen mehr als die langwelligen roten. Wir sehen daher die Luft über uns, den „Himmel", blau. Ein Teil der an den Luftteilchen gestreuten Strahlen kommt auch zum Erdboden (16 %) und ist auch dann noch wirksam, wenn die direkte Strahlung von den Wolken abgedeckt ist.

Der Erdboden nimmt also 27 % plus 16 %, d. h. 43 % der aus dem Weltraum eintreffenden Strahlung auf, die Lufthülle 15 %.

Die direkt auftreffende Strahlung ist am wirksamsten, wenn sie senkrecht einfällt, wie in den Tropen. Je niedriger die Sonne steht, desto größer wird die Fläche, welche dasselbe Strahlenbündel mit seiner Energie beliefern soll, d. h. desto geringer wird die Erwärmung pro Quadratmeter. Außerdem wird die Strecke immer größer, die der Strahl durch die Lufthülle zurücklegen muß, und daher geht immer mehr von seiner Energie durch Streuung und Absorption verloren.

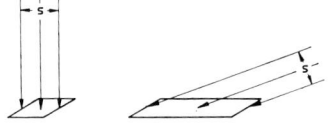

Abbildung 30: Wirkung der Strahlung hängt vom Einfallwinkel ab

Das, was nun den Erdboden bzw. das Meer erreicht, erwärmt den Erdboden. Und damit wird die Erdoberfläche selbst zum Strahler, sie beginnt auszustrahlen.

Ausstrahlung der Erde

Da die Temperatur der Erdoberfläche nicht sehr hoch ist, sendet sie dunkle, langwellige Wärmestrahlen aus. Solche Strahlen werden von der wasserdampfhaltigen Luft stärker verschluckt als die ankommenden, kurzwelligen Lichtstrahlen. Nur 8% kommen durch die Atmosphäre in den Weltraum hinaus.
12% gehen durch Wärmeleitung an die Luft über dem Erdboden über. Diese Energie ist es, die wir nun weiter verfolgen wollen, denn sie setzt die großen vertikalen Bewegungen in der Atmosphäre in Gang.
Die Ausstrahlung der Erde kann schon durch dünne Wolkendecken stark behindert werden, so daß die aufgenommene Sonnenenergie wie in einem Glashaus festgehalten wird.

Verschiedene Erwärmung von Land und See

Bei derselben Einstrahlung erwärmen sich nun aber die Wasseroberflächen der Meere nicht so stark wie die gleich großen Flächen des Erdbodens.
Das wird uns selbstverständlich, wenn wir folgendes bedenken:

1. Helle, glatte Oberflächen (Meer) werfen mehr Strahlung zurück als dunkle, rauhe (Erdboden).
2. Wasser ist schwerer zu erwärmen als Erde.
3. Licht- und Wärmestrahlen dringen ins Wasser 15—20 m ein, in die Erde nur in die oberste Krume. Die Wärme verteilt sich im Meer also auf eine dicke Schicht.
4. Über dem Wasser wird Wärme für Verdunstung verbraucht.
5. Im Wasser werden an der Oberfläche erwärmte Teilchen oft durch Wirbel in große Tiefen verfrachtet.

Umgekehrt sind die Meere auch sehr viel schwerer abzukühlen als das Land, weil im Meer eine viel größere Wärmemenge aufgespeichert ist. Am Tage und im Sommer verschluckt das Meer große Wärmemengen, die es in der Nacht und im Winter nur zögernd wieder abgibt.

Die erwärmte Oberfläche der Erde erwärmt nun die darüber lagernde Luft. Über dem Boden entstehen damit aufsteigende Bewegungen, oft turbulent, wirbelnd, welche die Wärme unter Umständen in große Höhen transportieren.

Täglicher Gang der Lufttemperatur

Aus diesen einfachen Feststellungen über Ein- und Ausstrahlung erklärt sich nun schon der tägliche Temperaturgang, den wir beobachten.
Aus dem Mittel jahrelang durchgeführter Beobachtungsreihen ergibt sich z. B. die Kurve a der Abbildung 31. Sie stellt den mittleren täglichen Temperaturgang für Berlin im Juli dar. Die niedrigste Temperatur liegt bei 4 Uhr, also bei Sonnenaufgang. Die Erde strahlte die am Tage aufgenommene Wärme im Laufe der Nacht in den Weltraum hinaus und kühlte sich so lange ab, bis die Sonne wieder neue Wärme bringt. Mit steigender Sonne erwärmt sich nun der Erdboden, und von ihm aus die unteren Luftschichten mehr und mehr, bis um 14 Uhr die höchste Temperatur erreicht ist. Zwar hat die Sonne schon um 12 Uhr ihren höchsten Stand erreicht, aber 2 bis 3 Stunden nach Mittag übertrifft die Einstrahlung immer noch die Ausstrahlung. Erst um 14 Uhr etwa sind sie gleich geworden, und nun beginnt mit dem Sinken der Sonne wieder der Erdboden sich abzukühlen, und die darüber lagernde Luft wird kälter und kälter.
Die Lufttemperatur schwankt in diesem Beispiel zwischen 15° C und 22 °C, also um 7° C. Das ist ein mittlerer Wert für unsere Breiten und einen Binnen-Ort. Im Einzelfall hängt die Tagesschwankung natürlich vor allem von dem Bewölkungsgrad ab. Am größten ist sie bei wolkenlosem Himmel.
Die Kurve b gilt für Berlin im Januar. Sie schwankt nur um 2°, liegt ganz unter Null und hat ihr Minimum, der Aufgangszeit der Sonne entsprechend, erst bei 6—7 Uhr.
Ganz anders sieht die Kurve für eine Station mitten im Nordatlantik auf 30° N aus, welche die Kurve c wiedergibt.
Den großen Schwankungen an Land, die in Wüstengebieten bis zu 30° betragen können, steht über See Ausgeglichenheit gegenüber, Schwankungen um nur wenige, meistens nur 1—2 Grade.

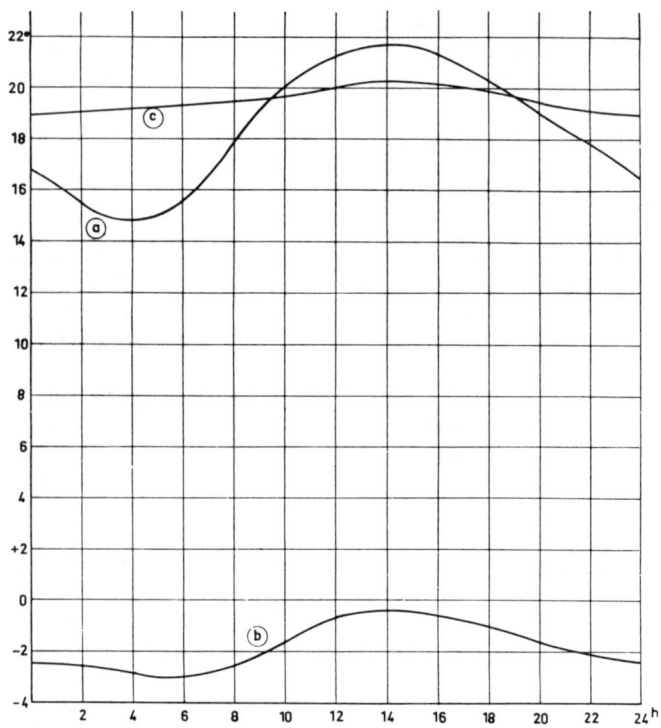

Abbildung 31: Tagesgang der Lufttemperatur
Kurve a: Berlin, Juli; Kurve b: Berlin, Januar; Kurve c: Nordatlantik (30° N)

Jährlicher Gang der Lufttemperatur

Das eben behandelte Beispiel zeigte für Berlin einen großen Unterschied zwischen der mittleren Temperatur im Sommer und im Winter. Heiße Sommer und strenge Winter sind Kennzeichen des *Land-* und *Kontinentalklimas*.
Dieser Unterschied von Sommer und Winter, die Jahresschwankung der Lufttemperatur, nimmt mit der Breite zu. In der Äquatorzone ist sie äu-

ßerst gering. Die stärksten Schwankungen sind in Sibirien beobachtet. In Jakutsk schwankte die mittlere Monatstemperatur zwischen —45° und +17°, also um 62°!
Ganz anders in Thorshaven auf den Färöern! Nur um 8°, zwischen +3° und + 11°, schwankte die mittlere Monatstemperatur. Das ist reines *Seeklima*, hier ist der Sommer kühl, der Winter milde.

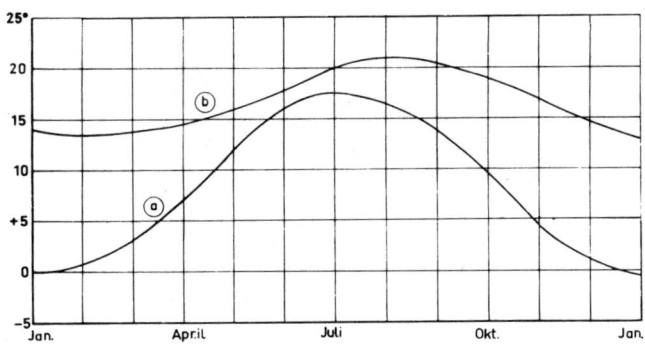

Abbildung 32: Jahresgang der Lufttemperatur. Kurve a: Berlin; Kurve b: Ozean

Noch ein Fremdwort

Verbindet man alle Orte gleicher Lufttemperatur auf der Erde, so erhält man die *Isothermen.*
An Karten mit Isothermen erkennt man sehr gut, wie die Temperaturverteilung auf der Erde natürlich von der geographischen Breite abhängt, aber vor allem auch durch die Verteilung von Land und Meer und die Wirkung warmer und kalter Meeresströmungen bedingt ist.
Auf einer gleichmäßig mit Wasser bedeckten Erde müßten die Isothermen mit den Breitenparallelen zusammenfallen. Das ist auch auf hohen Südbreiten, wo größtenteils Meer liegt, einigermaßen der Fall. Aber auf Nordbreite, insbesondere in unseren Segelrevieren stimmt das keineswegs.

Auf Nordbreite werden die Landmassen im Winter sehr kalt, es bilden sich *Kältepole*, z. B. in Sibirien, wo in Oimekon —70° gemessen wurden und die mittlere Januartemperatur —50° ist. Auf derselben Breite aber an der Westküste Norwegens liegt die mittlere Januartemperatur über Null, die Wirkung des warmen Golfstromes, der an dieser Küste nordwärts strömt.

Aufsteigen trockener und feuchter Luft

Wir wissen schon, daß aufsteigende Luft sich dynamisch abkühlt. Um wieviel?
Das hängt davon ab, ob die Luft trocken oder feucht ist.

> Trockene Luft kühlt sich beim Aufsteigen etwa um 1° bei 100 m Hebung ab.

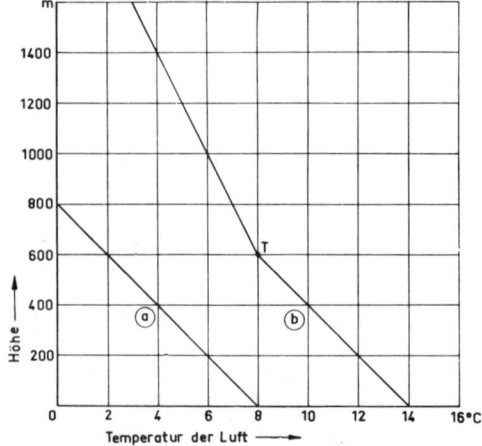

Abbildung 33:
Die Temperatur aufsteigender Luft in den verschiedenen Höhen.
Kurve a: Trockene Luft;
Kurve b: Feuchte Luft
(von T ab)

Ist die Luft aber feucht, dann wird sie beim Aufsteigen relativ immer feuchter, bis sie gesättigt ist. Solange kühlte sie sich um 1° pro 100 m ab. Steigt sie aber noch weiter, dann kommt es zur Kondensation des Wasserdampfes. Dabei wird die Wärmemenge, die „latent" im Wasserdampf enthalten ist, frei und wirkt der Abkühlung entgegen.

> Feuchte Luft kühlt sich, sobald Kondensation des Wasserdampfes eintritt, nur um etwa $1/2°$ auf 100 m ab.

Herabsinkende Luft dagegen wird in beiden Fällen relativ trockener, erwärmt sich daher in beiden Fällen gleich.

> Trockene und feuchte Luft erwärmen sich beim Herabsinken um etwa $1°$ für 100 m Senkung.

Graphisch ist dies in Abbildung 33 dargestellt. Kurve a gibt die Temperaturen in den einzelnen Höhen bei aufsteigender *trockener* Luft. Im Falle b stieg die Luft bis T in 600 m Höhe wie trockene Luft auf. Dann trat Kondensation ein, und von nun an stieg die Luft als *feuchte* Luft weiter auf.

Föhn

Ich habe diese Zahlen genannt, damit wir zur Abwechslung mal ein bißchen rechnen können.

Nehmen wir an, ein 1500 m hohes Gebirge werde von einem Wind angeströmt, der trockene Luft von 10° C bringt. Dann wird die zum Aufsteigen gezwungene Luft sich um 15° abkühlen, beim Herabsinken auf der anderen Seite sich aber um dieselben 15° wieder erwärmen.

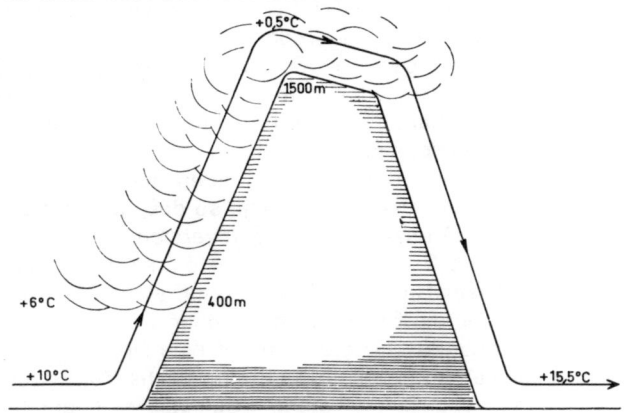

Abbildung 34: Entstehung des Föhns

Enthält die Luft aber Wasserdampf, z. B. so viel, daß es in 400 m Höhe zur Kondensation kommt, so wird die Luft, die mit 10° anströmt (siehe Abbildung 34) in 400 m noch 6° warm sein, sich dann aber nur noch um $1/2°$ pro 100 m abkühlen, also am Gipfel 6° — 5,5° = 0,5° Temperatur haben. Beim Herabsinken aber wird sie sich um 15° erwärmen, also mit 15,5° C unten ankommen. Der Wind ist also an der Leeseite des Gebirges wärmer als vor dem Überschreiten des Gebirges. Außerdem hat er einen großen Teil seiner Feuchte beim Aufsteigen abgegeben, kommt also relativ sehr trocken im Lee-Tal an. Einen solchen warmen, trockenen Wind nennt man einen *Föhn*. Die Wolken, die an der Luv-Seite entstehen,werden über den Kamm herübergerissen, lösen sich dann aber auf. Diese Wolken am Kamm heißen *Föhnmauer*. Föhnluft ist klar und bringt außergewöhnlich gute Sicht.

Stabile und labile Luftschichtung

Wie ist es mit der Lufttemperatur in den verschiedenen Luftschichten?
Ein Teil der ankommenden Sonnenstrahlung wird von der Luft direkt aufgenommen („absorbiert") und erwärmt sie. Ein Teil kommt durch die Lufthülle zur Erdoberfläche und erwärmt diese. Und diese „Heizplatte" erwärmt dann erst die darüber lagernde Luft.
Die erste Möglichkeit finden wir vor allem in den oberen Luftschichten (Stratosphäre), die zweite in den unteren Luftschichten, der Troposphäre.
Wenn unsere Troposphäre von der Erde aus geheizt wird, müßte die Lufttemperatur mit der Höhe stetig abnehmen.
Das ist aber nicht immer der Fall. Wir finden horizontale Schichten, in denen die Temperatur nach oben ansteigt, so daß wärmere über kälterer Luft liegt. Eine solche Grenz-Schicht heißt *Inversion*.
Steigt die Luft auf, als Cumulus zu beobachten, so breiten sich die Haufenwolken unter dieser Sperrschicht horizontal aus, bilden einen *Amboß* oder *Pilz*. So wird uns die Sperrschicht sichtbar. Die Abbildung 35 deutet an, wie der aufstrebende Luftstrom (a) auf eine Sperrschicht trifft, nach allen Seiten auseinanderströmt (b) und eine flache Wolke hinterläßt (c), die oft noch lange am Himmel steht, wenn der erzeugende Aufwärtsstrom schon erloschen ist.

Wenn nun kältere und wärmere Luftmassen übereinander liegen, fragt es sich, ob diese Schichtung *stabil*, d. h. dauerhaft ist, oder *labil*, d. h. nicht bestehen bleiben kann.

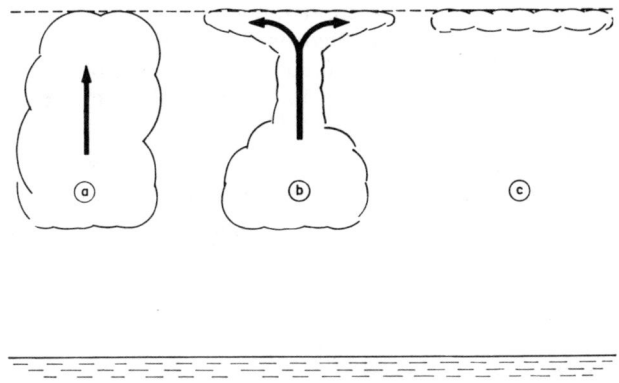

Abbildung 35: Wirkung einer Sperrschicht

Liegt schwere Kaltluft unten, darüber leichtere Warmluft, ist die Luft oben also wärmer als man bei gleichmäßiger Abnahme der Lufttemperatur mit der Höhe erwarten müßte, haben wir eine stabile Schichtung. Man erkennt das daran, daß Rauch aus Schornsteinen nicht aufsteigt, sondern sich in Rauchschwaden flach über das ganze Gebiet ausdehnt. Die Sicht ist getrübt.
Ganz anders, wenn sich schwere Kaltluft irgendwie über leichte Warmluft geschoben hat! Das kann nicht gutgehen, die Schichtung ist labil. Bei dem geringsten Anstoß fällt die kalte Luft nach unten, die warme steigt auf. Schornsteinrauch steigt in die Höhe, die Sicht wird nicht getrübt, die Kimm bleibt klar.

71

Thermische Hoch- und Tiefdruckgebiete

Nun wenden wir unsere Kenntnisse an!
Eine Insel liege einsam im weiten Meer. Die Sonne steht am wolkenlosen Himmel und heizt.
Land und Meer erwärmen sich verschieden stark (Seite 64). Bald ist die Insel, wie eine Heizplatte, heiß gegen die umgebende See.
Die Luft über der Insel erhitzt sich, dehnt sich aus, und zwar im wesentlichen nach oben. Damit wird die über der Insel liegende Luftsäule höher.
Wie in Abbildung 36 angedeutet, fließt die Luft oben nach allen Seiten ab, die über der Insel liegende Luftsäule wird damit kleiner und der Luftdruck sinkt, über der Insel ist nun ein Tiefdruckgebiet, ein T, entstanden.

> Also: *Wird ein Teil der Erdoberfläche mehr erwärmt als seine Umgebung, so entsteht über ihm ein Tiefdruckgebiet ("Zyklone").*

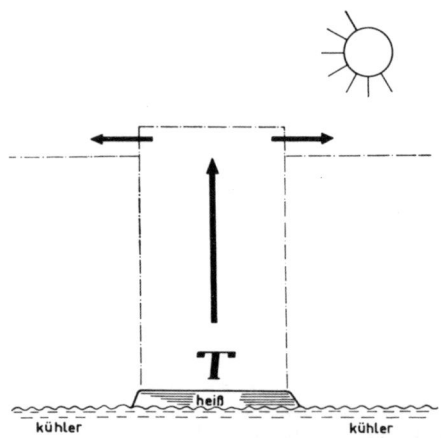

Abbildung 36: Insel im Meer
unter Sonnenbestrahlung

Nachts, wenn die Ausstrahlung beginnt, gibt die Erdoberfläche, wie wir auf Seite 65 feststellten, ihre Wärme schneller ab als das Meer, die Luft über der kühlen Insel sinkt zusammen, in den obersten Schichten strömt, wie in Abbildung 37 angedeutet, Luft zu, die Gesamtsäule wird schwerer, es bildet sich über der Insel ein Hochdruckgebiet, ein H.

Also: *Wird ein Teil der Erdoberfläche stärker abgekühlt als seine Umgebung, so entsteht über ihm ein Hochdruckgebiet ("Antizyklone").*

Damit ist aber das Gleichgewicht in der Atmosphäre gestört, es kommt zu Luftbewegungen.

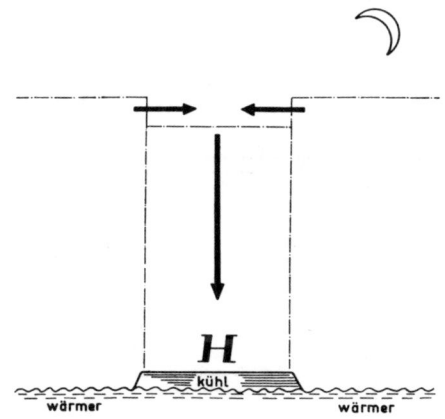

Abbildung 37: Insel im Meer nach Aufhören der Bestrahlung

Betrachten wir zunächst die Luftbewegungen im ersten Fall!
Die über der Insel angeheizte Luft wird leichter, steigt auf.
In das Tief strömt von allen Seiten Luft ein. Die in großen Höhen vom Tief wegströmende Luft sinkt über dem Meer wieder ab, um dann an der Meeresoberfläche wieder in das Tief einzuströmen.
Es entsteht ein Kreislauf, der solange anhält, wie die Heizplatte Insel angestellt ist, d. h. die Insel heißer ist als das umgebende Meer.
Über einem H sinkt die Luft ab, an der Erdoberfläche strömt Luft nach allen Seiten weg zum Meer, über dem nun ja tieferer Druck herrscht als über der Insel. In großen Höhen strömt Luft in das Hoch ein. Sie wird immer wieder ergänzt durch die über dem Meer aufsteigende Luft.

Unsere Abbildungen sind stark überhöht gezeichnet. In Wirklichkeit sind die horizontalen Luftbewegungen viel kräftiger als die vertikalen.
Was gilt nun also von den horizontalen Luftbewegungen, den „Winden", an der Erdoberfläche?

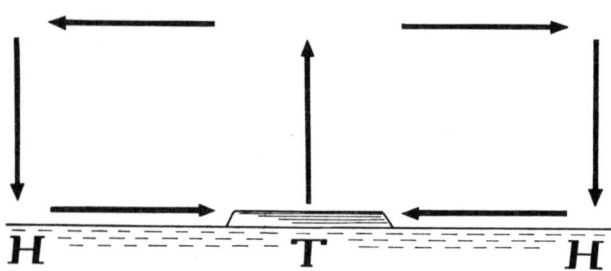

Abbildung 38: Thermisches Tief

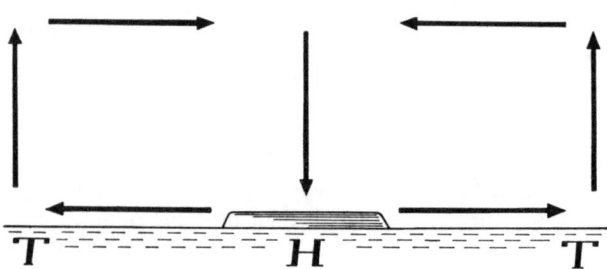

Abbildung 39: Thermisches Hoch

> *In ein Tief strömen die Winde von allen Seiten ein. Aus einem Hoch strömen die Winde nach allen Seiten aus.*

Um die Windrichtungen genauer zu bestimmen, müssen wir noch mehr von der Theorie des Windes wissen.

Ablenkung der Winde

Betrachten wir daher die Entstehung eines Windes noch einmal genauer! Würde die Erde sich nicht drehen, würde die Luft aus dem Hochdruckgebiet auf dem kürzesten Weg in das Loch, das Tiefdruckgebiet, einströmen, und der Luftdruckunterschied wäre schnell ausgeglichen.

Die Erde dreht sich aber, und das hat, wie die Physik lehrt, folgende Wirkung auf alle auf der Erde vor sich gehenden Bewegungen:

Alle sich horizontal bewegenden Körper werden auf Nordbreite nach rechts, auf Südbreite nach links von der Bahn abgelenkt, die sie auf ruhender Erde haben würden.

Diese Ablenkung durch die Erdrotation ist nicht überall auf der Erde gleich groß. Am Äquator ist sie gleich Null und wächst mit der geographischen Breite. Sie ist in unseren Breiten am stärksten. Außerdem wächst sie mit der Geschwindigkeit des Windes.

Zunächst, wenn die Luft sich in Richtung zum Tief in Bewegung setzt, ist die Geschwindigkeit, also auch die ablenkende Wirkung der Erdrotation klein. Je größer die Geschwindigkeit unseres Luftteilchens unter dem Einfluß des beschleunigenden Luftdruckgefälles (Gradientkraft) wird, desto mehr wird das Teilchen abgelenkt. Schließlich würde der Wind in Richtung der Isobare wehen, wenn nicht die Reibung an der Erdoberfläche einen Teil der Energie verzehrte, so daß eine gewisse Neigung der Windbahn gegen die Isobare bestehen bleibt. Berücksichtigen wir dies, so finden wir, daß die Windbahn spiralig auf das Tief zuführt.

Ist die Windbahn nun also gekrümmt, und die Winde laufen um das Tief herum, müssen Fliehkräfte auftreten, welche die Luftteilchen nach der Außenseite der Bahn treiben. Bei den Luftwirbeln mit vertikaler Achse, wie Windhosen oder Orkanwirbeln, führt das dazu, daß die Luft schließlich in Kreisen um das Tiefdruckzentrum herumrast. Im Zentrum selbst herrscht dann Windstille.

Welche Windstärke können wir erwarten?

Die Stärke des Windes hängt nach den Feststellungen, die wir eben trafen, von vier Größen ab:

1. Luftdruckgefälle, also vom Abstand der Isobaren,
2. Größe der ablenkenden Kraft der Erdrotation, also von der Breite,
3. Reibung an der Erdoberfläche,
4. Krümmung der Windbahn.

Für unsere Breiten (50° N) gilt folgende Faustregel:

Abstand der 5-mbar-Isobaren in Seemeilen	zu erwartende Windstärke in Beaufort
300	3
200	5
100	7—8

Die Windstärke nimmt mit der Höhe zu, da die Reibung abnimmt. Auf See hat man größere Windstärken zu erwarten als über Land. Störungsgebiete, wie die Orkane, erlöschen schnell, sobald sie über Land kommen.

Die Winde um Tief und Hoch

Wenden wir diese neuen Erkenntnisse auf unsere untersuchten Tief- und Hochdruckgebiete an!
Wir zeichnen die Winde um unsere Insel und ihre Ablenkung auf, und zwar für ein T auf Nord- und Südbreite, und entsprechend auch für ein Hoch.

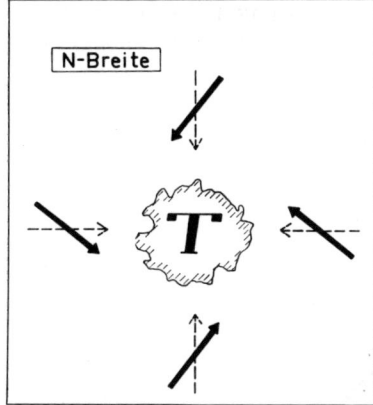

Abbildung 40: Winde um ein Tief
auf Nordbreite

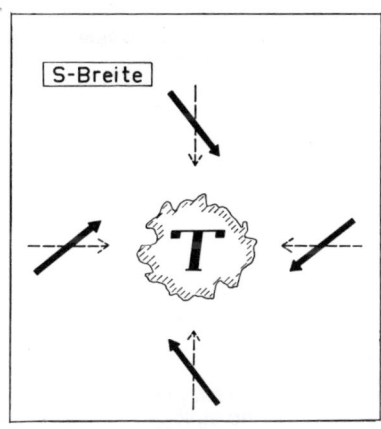

Abbildung 41: Winde um ein Tief
auf Südbreite

Dann finden wir: *Der Wind strömt in ein Tief in Spiralen ein. Diese
sind auf der Nordbreite gegen den Uhrzeigersinn, auf Südbreite
im Uhrzeigersinn gekrümmt.*

Und bei einem Hoch? *Der Wind strömt aus einem Hoch in Spiralen aus, diese sind auf Nordbreite im Uhrzeigersinn, auf Südbreite gegen den Uhrzeigersinn gekrümmt.*

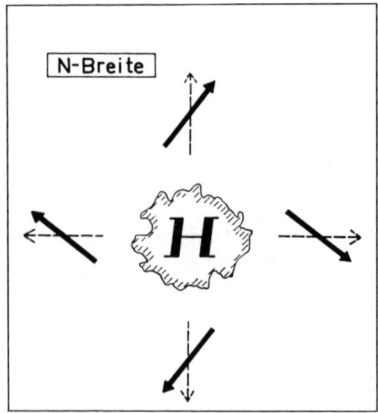

Abbildung 42: Winde um ein Hoch auf Nordbreite

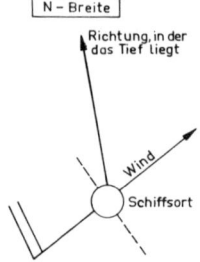

Abbildung 43: Buys-Ballot'sche Windregel

Aus diesen Sätzen folgt eine alte Windregel, die von dem Niederländer Buys-Ballot stammt. Mit ihr kann man aus dem beobachteten Wind die Lage des Tiefs erschließen (Barisches Windgesetz).

Sie lautet: *Stellt man sich mit dem Rücken gegen den Wind, so liegt das Tief auf Nordbreite links, etwas vorderlicher als dwars; auf Südbreite rechts, etwas vorderlicher als dwars.*

Abbildung 44: Tiefs sind Schlechtwettergebiete

Wir wollen diese Windregel durch eigene Beobachtungen und an den Windrichtungsangaben in den Wetterkarten recht oft nachprüfen und bestätigen.
Nun zurück zum Tief, und zwar zu der aufsteigenden Luft! Auf Grund unserer Kenntnisse können wir darüber noch mehr aussagen.
Jede Luft enthält ja Wasserdampf.
Wenn die Luft aufsteigt, kommt sie unter niedrigeren Druck, sie kühlt sich also dynamisch ab. Ihre absolute Feuchte bleibt dieselbe, aber die Sättigungsfeuchte wird kleiner, die relative Feuchte also größer. Schließlich wird sie 100 % relative Feuchte erreicht haben. Steigt die Luft noch weiter, kondensiert ein Teil des Wasserdampfes, es bilden sich Wolken, eventuell wird es regnen.

Wir halten fest:
Tiefdruckgebiete sind Schlechtwettergebiete.

79

Über einem Hoch dagegen sinkt die Luft ab, sie erwärmt sich, weil sie unter höheren Druck kommt. Sie wird also relativ trockener, weil die Sättigungsfeuchte steigt. Etwa vorhandene Wolken werden sich auflösen, weil die Luft nun mehr Wasserdampf aufnehmen kann, ein klarer, wolkenloser Himmel ist zu erwarten.

Wir stellen fest:
Hochdruckgebiete sind Schönwettergebiete.

Diese T und H nennt man „thermische", weil sie allein durch die verschiedene Erwärmung zustandekommen.

Mit diesen Feststellungen haben wir auch den Schlüssel zum Verständnis der Passate, Monsune, Land- und Seewinde in Händen. Aber vorher noch kurz eine wichtige Feststellung!

Beeinflussung des Windes durch die Küstengestaltung

Wind weht in einem geographischen Raum. Gebirge stellen sich ihm z. B. in den Weg, er muß eine Ecke umströmen oder durch eine Enge sich hindurchzwängen.

Ein Wind, der senkrecht auf eine steil aufragende Küste trifft, wird sich dort stauen. Seine Stärke nimmt direkt unter der Küste ab, die Luft steigt auf, und das bedeutet, wie wir wissen, Bewölkung, eventuell Niederschlag oder Dunst.

Strömt der Wind dagegen parallel zu einer Küste, wird er durch die ablenkende Kraft der Erdrotation an die Küste herangedrückt (wie muß dann die Küste zum Windstrom liegen?) oder von ihr abgedrängt. Im ersten Fall sehen wir Niederschläge an der Küste voraus, im zweiten Fall saugt der Wind die Luft aus den Tälern oder Fjorden der Küste heraus, es wehen stürmische Winde aus den Tälern zur See.

Muß der Wind eine Ecke, z. B. ein Kap umströmen, so drängen sich an dieser Stelle die Windströme zusammen, der Wind frischt auf. Ebenso wird es sein, wenn der Wind zwischen zwei Felsinseln oder Gebirgen, durch eine *Düse* gewissermaßen, hindurch muß. In dem Engpaß werden wir hohe Windgeschwindigkeiten erwarten müssen, nach Passieren der Düse wird die Luft sich fächerförmig ausbreiten.

Beispiele für diese Effekte findet man auf seinen Fahrten im Kleinen überall. Großräumige Beispiele findet man in den Seehandbüchern und meteorologischen Werken dargestellt.

Passat

Alle Segler, die in die Passatregion kamen, berichten mit Freude von der gleichmäßigen Brise dieser Zone, in der zu jeder Jahreszeit stüttige Winde fast gleicher Richtung und Stärke das Schiff den Tropen entgegenbrachten.

Diese Winde gehören zu einem Windsystem, das die Meteorologen das *planetarische* nennen, weil es begründet ist in der Tatsache, daß unsere Erde ein Planet ist, der von der Sonne beschienen wird.

Sehen wir von der in Wirklichkeit unregelmäßigen Verteilung von Land und See ab, nehmen wir einmal an, daß nur Meer unseren Planeten bedeckt! Dann wird doch immer die Zone um den Äquator herum am meisten erwärmt werden, über der Äquatorzone wird eine Tiefdruckrinne

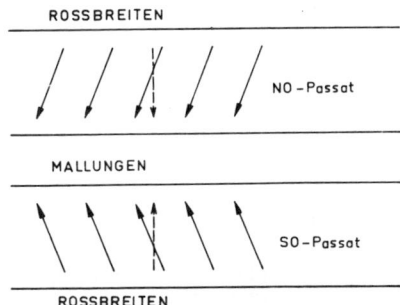

ROSSBREITEN

NO – Passat

MALLUNGEN

SO – Passat

ROSSBREITEN

Abbildung 45: Passat

liegen müssen. Im Tief selbst sind keine ausgeprägten Winde zu erwarten, nur aufsteigende Luft. Diese wird warm und wasserdampfreich sein. Was folgt? Starke Bewölkung, Regenreichtum, starke Gewitter, nicht ganz klare Luft, Dunst. Dem Segler bringt dieser Gürtel unangenehme

Flauten oder nach Richtung und Stärke ganz unbeständige — *mallende* — sehr leichte Winde. Diese Zone nennen die Seeleute Kalmen, Mallungen oder Stilltengürtel.

In diese Tiefdruckrinne strömen von Nord und Süd Winde ein, die wegen der Ablenkung durch die Erdrotation NO-lich und SO-lich wehen, der *NO-Passat* und der *SO-Passat*. Sie kommen aus 25° bis 35° Breite. Dort liegen Zonen hohen Drucks, die *Roßbreiten,* in denen wieder Flaute oder mallende Winde zu erwarten sind, aber wolkenloser Himmel, nachts funkelnde Sternenpracht, große Regenarmut. Dieses schöne Wetter ist schon oft dem Segler, der tage- und wochenlang in diesen Roßbreiten in der langen Dünung schlingerte und nicht vorankam, zum Überdruß geworden. Besonders wenn er heimwärts steuerte und die Lebensmittel und das Wasser knapp wurden!

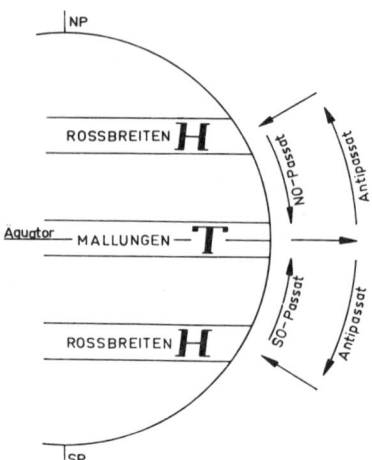

Abbildung 46: Das planetarische Windsystem

Dieses planetarische Windsystem — Kalmen, Passate, Roßbreiten — wandert naturgemäß mit der Sonne im Sommer nördlich, im Winter südlich, aber nur um etwa 5° bis 8°, und zwar bleibt es ein volles Vierteljahr gegen die Sonne zurück, so daß die nördlichste Lage erst im September, die südlichste im März erreicht ist.

Die mittleren Grenzen der NO-Passate liegen im Nordatlantik.

---

im September: 10° bis 35° N
im März: 3° bis 25° N

Der Roßbreitengürtel zerfällt im Sommer in einzelne Hochdruckgebiete über den Ozeanen, während über den Festlandsgebieten bei der starken Erwärmung niedrigerer Luftdruck herrscht. So zeigen die Karten mittlerer Luftdruckverteilung im Juli ein H über den Azoren, das *Azoren-Hoch*, die *nordatlantische Antizyklone* genannt.
Wie die Abbildung 46 zeigt, weht über dem Passat, wie zu erwarten, ein entgegengesetzt gerichteter Wind, der *Antipassat.*
Wie diese aus der Theorie gewonnenen Zonen durch die ungleichmäßige Verteilung von Land und See in Wirklichkeit aussehen, studiere man in den Monatskarten oder anderen Tafelwerken, die vor jeder Reise-Planung heranzuziehen sind.
Im Nordatlantik z. B. hat das Mallungengebiet im Winter Dreiecksform, an der afrikanischen Küste ist es breit, an der amerikanischen schmal.
Die Segelschiffahrt konnte ihre Reisen wesentlich verkürzen, seitdem diese Verhältnisse durch jahrhundertlange Erfahrungen, systematische Wetterbeobachtungen und deren Auswertung, allen Schiffen bekanntgeworden waren.
Im Nordwinter hatte man, um ein Beispiel aus diesem Gebiet zu geben, auf der Fahrt nach Südamerika möglichst weit westlich zu halten, um die Spitze des keilförmigen Mallungengebietes zu durchsegeln und so ohne lange „Stillten" vom NO-Passat in den SO-Passat zu kommen. Im Nordsommer dagegen schnitt man „die Linie", den Äquator, östlicher, um monsunartige Winde an der afrikanischen Küste auszunutzen.

Monsun

Die Verteilung von Land und See bringt Luftströmungen, die im Sommer und Winter entgegengesetzt gerichtet sind, *periodische* Winde, die *Monsune*. Man nennt alle derartigen periodischen Winde auch *terrestrische* Winde, weil sie von der Landverteilung auf der Erde diktiert sind.

Im Winter kühlt sich das Festland viel mehr ab als das angrenzende Meer, es entsteht über dem Festland ein Hochdruckgebiet, aus dem die Luft nach allen Seiten abströmt. Im Sommer dagegen wird dasselbe Festland stark erhitzt, es entsteht ein Tiefdruckgebiet über Land, in das von allen Seiten die Luft vom Meer einströmt.

Das bekannteste Beispiel ist der *indische* Monsun. Wie muß er im Sommer im Arabischen Meer wehen?

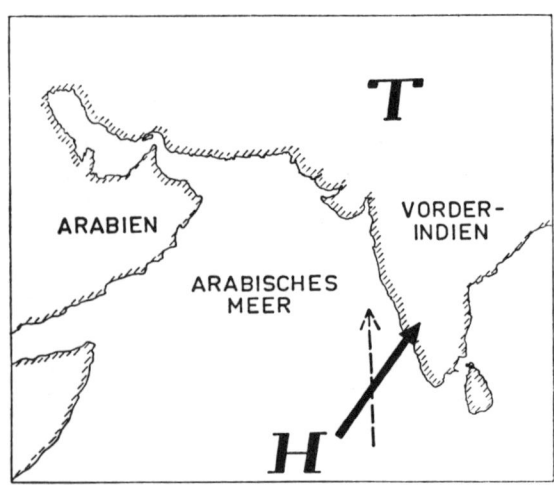

Abbildung 47:
SW-Monsun über
Indien im Sommer

Über dem Festland, besonders über Tibet liegt im Sommer ein Tief, über dem Meer ist der Luftdruck höher. Es muß daher ein Süd-Nord wehender Wind entstehen, der durch Erdrotation nach rechts abgelenkt wird und aus SW kommt.

Dieser *SW-Monsun* im Arabischen Meer weht mit großer Heftigkeit mit 6—8 Beaufort. Als Meereswind ist er sehr feucht. Wenn er auf die Küstengebirge Vorderindiens trifft und zum Aufsteigen gezwungen wird, bringt er riesige Niederschläge.
Im Winter liegt wegen der Abkühlung ein starkes Hoch über Sibirien, aus dem die Luft nach allen Seiten abströmt. Im Arabischen Meer weht

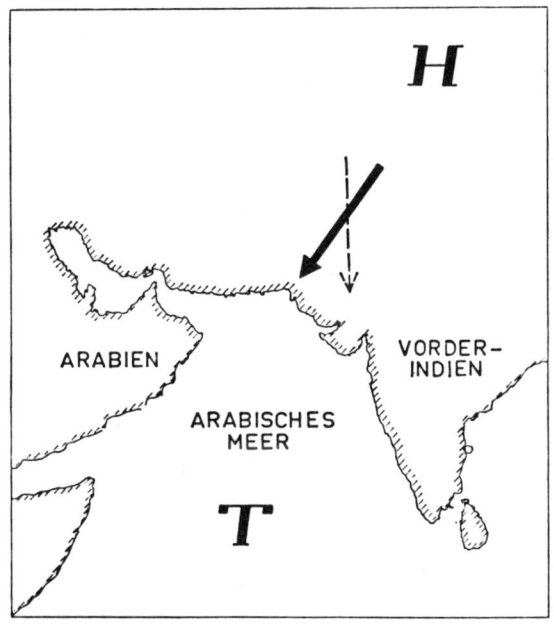

Abbildung 48:
NO-Monsun über
Indien im Winter

daher, nach rechts abgelenkt, der *NO-Monsun*, freilich lange nicht so heftig, weil das Kältezentrum und Hoch in Sibirien liegt, das Luftdruckgefälle zum Meer hin also viel schwächer ist. Mittlere Windstärke: 4 Beaufort. Als Landwind ist er sehr trocken und führt wenig Wolken mit sich.

Monsun in Bremen?

Was soll für uns Segler der SW-Monsun im Indischen Ozean, sagen Sie. Wir kommen mit unserer Yacht nie dorthin. Wir wollen vom Bremer Wetter, vom europäischen Wetter hören! Monsun in Bremen?
Ja, das gibt es: Und manchmal nicht zu knapp! Überlegen wir uns doch: Im Sommer wird das Land stärker erwärmt als das Meer, das die Wärme nur zögernd aufnimmt. Es bildet sich über Rußland (siehe Abbildung 49) ein T, während über England und dem Meer ein H liegt. Westliche Winde, durch die Erdrotation zu nordwestlichen abgelenkt, sind die Folge. Sie bringen kühle, feuchte Meeresluft, starke Bewölkung, Regen.

Abbildung 49: Sommermonsunlage über Europa

Dieser „Monsun" — was ist er anders nach der Definition der Seite 84? — bricht nach einer gewissen Anlaufzeit meist Anfang Juni durch und fällt uns, nachdem es im Mai warm war, sehr unangenehm auf die Nerven. Im Volksmund spricht man von der „Schafskälte". Er kann recht lange wehen und ist recht böig.
Wenn im Herbst die starke Erwärmung des Festlandes aufhört, muß dieser Sommermonsun erlöschen. Allmählich wird sich ein Hochdruck-

gebiet über Europa bilden und der Wind zum Meer hinwehen: es beginnt für uns der *Altweibersommer*, in dem die Nächte zwar schon recht kühl sind, aber am Tage noch Sommerwärme uns erfreut.
Der Altweibersommer ist der Beginn des *Wintermonsuns*.

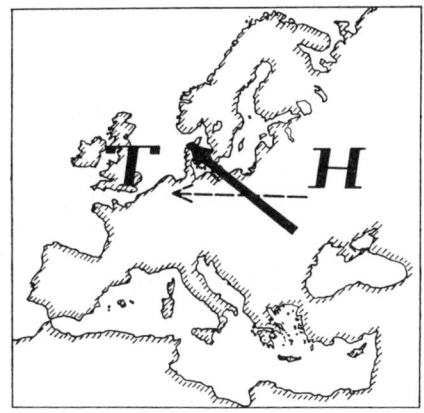

Abbildung 50: Wintermonsun-
lage über Europa

Dann liegt ein H über Rußland, ein T über Nordsee und England. Es wehen östliche, durch die Erddrehung auf SO abgelenkte Winde, die trockene Festlandsluft an unsere Küste bringen.

Land- und Seewinde

Im Kleinen, mit halbtäglichem Wechsel, wiederholt sich dies an unseren Küsten als Land- und Seewind.
Am Morgen beobachten wir bei schönem Wetter einen schwachen ablandigen Wind, der gegen Mittag einschläft. Nach Mittag kommt dann von See eine kühlende Brise, die sich verstärkt, um gegen Abend wieder abzuflauen.

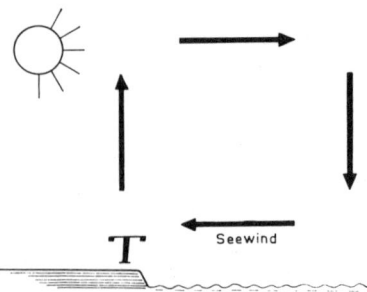

Abbildung 51: Seewind

Das erklärt sich leicht. Über dem Land bildet sich infolge der starken Sonnenstrahlung ein Tiefdruckgebiet, in das die Seebrise einströmt. Nach Sonnenuntergang gleichen sich die Temperaturgegensätze aus, der Wind erlischt. Nachts, mit zunehmender Abkühlung des Festlandes, setzt der Landwind ein, der seine größte Stärke vor Sonnenaufgang erreicht.

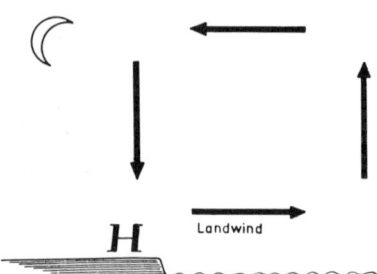

Abbildung 52: Landwind

Wo werden diese Winde am ausgeprägtesten sein? Dort, wo der Gegensatz zwischen Tag- und Nachttemperatur am größten ist, also in niederen Breiten.

Wir beobachten Land- und Seebrise an unseren Küsten an ruhigen, heiteren Sommertagen, an denen keine atmosphärischen Störungen großräumig wirken.

In Häfen können wir unter den geschilderten Umständen günstig am Tage einlaufen, nachts auslaufen.

Fallwinde

Besonders die Mittelmeer-Segler haben sich noch mit einer anderen Gruppe von Winden zu befassen, mit den *Fallwinden*.

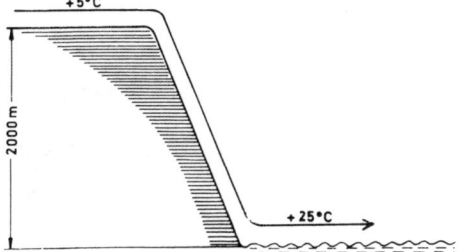

Abbildung 53: Fallwind

Sie können an allen Küsten auftreten, wo kaltes Hinterland gegen ein warmes Meer abfällt. Im Mittelmeer sind sie bekannt als *Bora* im nördlichen Adriatischen Meer, als *Mistral* an der französischen Mittelmeerküste und als *Schirokko* unter der afrikanischen Küste. Als Beispiel dafür, wie verschieden ein Wind heißen kann, je nachdem, welcher Völker-

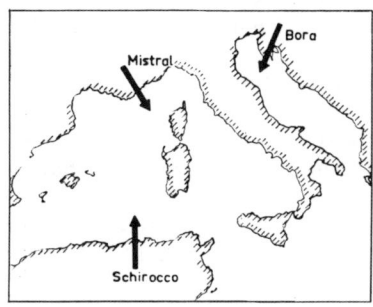

Abbildung 54: Die Fallwinde des Mittelmeeres

89

stamm ihn beobachtete und in seiner Sprache benannte, gebe ich Ihnen eine kleine Zusammenstellung. Der Schirokko heißt in

Ägypten:	Khamsin
Syrien:	Simum
Arabien oder Persien:	Samum
Tunis:	Chili
Lybien:	Gibli
Südalgerien:	Chichili

Alle Fallwinde sind zu verstehen nach unseren Föhnbetrachtungen auf Seite 70.
Ein paar charakteristische Einzelheiten über diese Mittelmeerwinde!

1. Die Bora

Die Bora, ein trockener, oft schneidend kalter Wind, weht von den kahlen Abhängen des Karstes, den dalmatischen und albanischen Küstengebirgen als Fallwind stürmisch und böig aus NNO auf die Adria herab und wühlt eine gefährliche, kurze steile See auf.

Wie kommt die Bora zustande? Drei Fälle sind möglich:

1. Ein Hoch liegt über dem Hochland (Winter), über der Adria ist der Luftdruck normal *(antizyklonale Bora)*. Oder
2. Ein ausgeprägtes Tief liegt über der Adria, über dem Hochland ist der Luftdruck normal *(zyklonale Bora)*. Oder, ein besonders wirksamer Fall:
3. Über dem Karst liegt ein Hoch, über der Adria ein Tief. Der Gradient ist dann besonders groß, die Stärke des Fallwindes also auch.

Die *antizyklonale Bora* bringt bei hohem Luftdruck und mäßiger Kälte, heiteres, trockenes Wetter. Sie tritt meist im Winter auf, denn in dieser Jahreszeit ist der Temperaturunterschied zwischen den Hochflächen der Küstengebirge und der warmen Adria am größten. Die Winterbora kann Wochen dauern.

Die *zyklonale Bora* dagegen dauert oft nur wenige Stunden, vielleicht einen Tag und bringt bei stark fallendem Luftdruck trübes Wetter, starke Niederschläge und unangenehme Kälte.

Eigentlich müßte die Bora als Fallwind sich doch beim Herunterstürzen (eventuell 2000 m!) dynamisch erwärmen, demnach ein warmer Wind sein? Ja, sie erwärmt sich auch nach Vorschrift, aber sie kommt unten doch verhältnismäßig kalt an, wenn die Temperatur oben im Gebirge ungewöhnlich niedrig ist.

Übrigens: über der Adria lagert doch relativ warme Luft! Wenn nun die kalte Höhenluft über die Gebirgskämme in die Tiefe fließt, wird die feuchte, warme Meeresluft rasch unter den Taupunkt abgekühlt. Wir beobachten von See als erstes Anzeichen der ausbrechenden Bora Wolken an den Gebirgskämmen. Einzelne Wolken reißen sich los, gleiten in die Tiefe. Bald allerdings lösen sie sich dann infolge der Erwärmung der herabfließenden Luft wieder auf.

2. Der Mistral

Über dem warmen Golf du Lion liegt im Winter ein Tief, über den angrenzenden kalten Hochflächen Spaniens und Frankreichs aber herrscht hoher Druck. Es weht daher ein Fallwind aus NW, der Mistral, der dieselben Eigenschaften hat wie die Bora.

Der Mistral kann sehr heftig werden und wirft dann eine gefährliche See auf. Einzelheiten entnehme man den Seehandbüchern.

3. Der Schirokko

Im westlichen Mittelmeer ist der Schirokko ein gefürchteter Fallwind. Er entsteht, wenn ein Tief vor der nordafrikanischen Küste liegt und die Luft von den Höhen des Atlas und aus den heißen Gebieten dahinter absaugt.

Der Schirokko ist daher ein heißer, trockener Südwind, der besonders im Juli und August sehr drückend ist. Oft führt er Wüstenstaub mit sich. An der Küste treten irreführende Luftspiegelungen, Wasserhosen und schwere Böen auf.

Dieser Fallwind ist nicht zu verwechseln mit dem Schirokko des östlichen und mittleren Mittelmeeres. Er entsteht an der Vorderseite einer von Westen kommenden Zyklone. Zieht diese dann nordöstlich weiter, so frischt der Schirokko bei fallendem Luftdruck mit starkem Regen zu großer Heftigkeit auf, um dann in einer Böe aus SW, oft unter Gewitter-Erscheinungen, plötzlich auf NW auszuschießen. Wir werden diesen Ablauf nach Besprechung der Zyklonen (Seite 107) verstehen.

Gewitterwinde

Von den elektrischen Erscheinungen in einem Gewitter haben wir bereits (Seite 44) gesprochen. Gewitter entstehen als *Wärmegewitter* bei starker Erhitzung des Erdbodens im Sommer, vorausgesetzt, daß die Luft feucht ist (Schwüle vor dem Gewitter!), oder an der Luvseite eines Gebirges, das feuchtwarme Winde zum plötzlichen Aufsteigen zwingt oder bei einem Kaltlufteinbruch, der ruhende feuchte Warmluft zu plötzlichem Aufsteigen bringt (siehe Kaltfront, Seite 103). In diesem letzteren Falle, der im Sommer wie im Winter auftreten kann, sprechen wir von *Frontgewittern.*

Mit Wärmegewittern werden wir im Sommer oft Bekanntschaft machen müssen!

Wenn an heiteren, windstillen Tagen die unteren Luftschichten durch die Erhitzung der Erdoberfläche sehr warm werden, entsteht eine labile Luftschichtung, die bei geringstem Anlaß zu einem Aufsteigen der überwärmten Luft führen kann. Je feuchter diese Luft ist, desto eher kondensiert der Wasserdampf, den sie enthält. Es entstehen hochsteigende Wolkentürme. Die bei der Kondensation freiwerdende Wärme liefert neue Auftriebsenergie, so daß die Wolken in höchste Höhen (4—10 km) wachsen. Wenn die Cumulustürme die kalte Höhenluft erreicht haben, werden sie zu Eiswolken. Den Quellkopf umgibt dann oben ein ausgedehnter Schirm von Cirruswolken.

In diesem Wolkenturm erfolgen so starke elektrische Aufladungen, daß der Ausgleich durch mächtige Blitze herbeigeführt wird. Aus der Wolke stürzt dabei ein unglaublich starker Regen herab, eventuell auch Graupeln und Hagel (Wolkenbruch).

Die meisten Gewitter wandern. Bei uns ziehen die Gewitter in der Regel mit den Höhenströmungen von West nach Ost. Steht also eine Gewitterwolke östlich von uns, wird sie für uns wahrscheinlich keine Gefahr bringen, da sie sich von uns entfernt. Gefährlich werden uns die Gewitter, die im Westen stehen.

Die Gewitterwolke selbst ist eine mächtige Cumuluswolke, unten umgeben von dunklen Regenwolken, die oft wie ein großer Bogen über einem Teil des sonst noch hellen Himmels liegen (Böenwolke, *Böen- „kragen"* nach seinem Aussehen genannt). Die Böenwolke rührt daher, daß sich in der Gewitterwolke abwärts gerichtete Luftströme bilden, die

unter der Wolke hervorschießen, Wolkenfetzen herausreißen und herumwirbelnd die Böenwolke erzeugen. (Abbildung 55, Seite 97).
Was sehen wir herankommen?
Zunächst sehen wir als Vorboten eines aufziehenden Gewitters im Westen aufgetürmte Haufenwolken mit Kappen stehen, über denen sich allmählich ein mächtiger Schirm von Cirruswolken bildet. Es gehen leichte östliche Winde.
Wenn der Böenkragen den Zenit erreicht hat, d. h. wir gerade unter dem Böenkragen sind, haben wir starke Windstöße zu erwarten, denen dann bald weitere Böen unter der eigentlichen Gewitterwolke folgen, welche die geschilderten Regenschauer mit Hagel, Blitz und Donner bringen. Ist das vorbei, wehen zunächst noch frische Westwinde und dann tritt wieder das schöne Wetter ein, das wir vorher hatten, das Gewitter hat „das Wetter nicht umgeworfen".

Wasserhosen

Gelegentlich bilden sich in der Atmosphäre Wirbel, Staubwirbel, Wind- und Wasserhosen, Tornados und die großen tropischen Orkane.
Von diesen Erscheinungen werden wir nur selten etwas erleben. Vielleicht einmal einen Staubwirbel, der über stark erhitztem Boden plötzlich, örtlich begrenzt, aufstrudelt.
Heftiger schon sind die *Tromben,* über dem Meer als *Wasserhosen,* über Land als *Windhosen* bekannt. Diese Luftwirbel mit fast vertikaler Achse gehen von großen Haufenwolken aus. Es wächst zunächst aus der Wolkendecke eine Spitze heraus, die sich nach unten immer mehr verlängert und eventuell als Schlauch oder Rüssel die Meeresoberfläche erreicht. Dieser Schlauch hat weniger als 100 m Durchmesser. Der Wirbelwind, der ihn umkreist, zerstäubt das Wasser, so daß ein Kranz von Wasserstaub den Fuß umgibt.
Über die Theorie dieser Tromben besteht noch keine Klarheit. Wer sie beobachtet, mache Skizzen der Form mit Zeitangabe, eventuell Photos und notiere alle meteorologischen Daten. Besonders interessiert der Drehsinn.

Windhosen an Land können große Zerstörungen anrichten. Riesentromben sind die *Tornados* Nordamerikas, von deren verwüstenden Wanderungen wir immer wieder lesen.

In *Tornados* sind Windgeschwindigkeiten von über 108 kn gemessen, es müssen aber nach dem angerichteten Schaden mindestens 300 kn aufgetreten sein.

Tornados dauern meist nicht lange, wandern mit 10—20 kn auf einer schmalen Bahn, die unter 1 km Breite hat.

Tropische Orkane

Während die Tromben, und auch die Tornados, Wirbel mit vor allem vertikal großer Ausdehnung und kleiner Grundfläche sind, bedecken die Wirbelwinde, die wir in der Orkantheorie zu behandeln hätten, große Flächen von 50—300 Seemeilen Durchmesser und reichen 5 km in die Höhe.

Wir können in diesem Büchlein von diesen Orkanen nicht reden, die wir in unseren Segelrevieren nicht erleben werden. Interessant, ja aufregend wäre es schon, diese Riesen zu behandeln, die *Hurricane* der westindischen Gewässer, die *Taifune* des Nordpazifik, die Südsee-Orkane, die im Spätsommer der betreffenden Erdhälfte an der Grenze von Mallungen und Passat entstehen und westwärts ziehen, um schließlich im Scheitel auf etwa 25° Breite zu schwenken und NO-wärts bzw. SO zu ziehen, immer weitere Gebiete in ihren Wirbel ziehend!

Auch der stärkste Dampfer macht einen großen Bogen um diese Burschen, wenn er sie rechtzeitig vorher bemerken und seine Bahn richtig abschätzen konnte.

Orkane sind die gewaltigsten Energiezusammenballungen in der Atmospäre. Ein Meteorologe hat einmal ausgerechnet, daß die Energie *eines* Orkans so groß war, als wenn 200000 Atombomben des Typs, wie sie auf Hiroshima fielen, in 24 Stunden explodiert wären.

Katalog der Winde

Mit der Behandlung dieser Winde und Windsysteme haben wir unsere Aufgabe erfüllt, die wichtigsten Winde zu schildern, die wir in unseren Segelrevieren antreffen werden.
Aber vielleicht ist es doch wichtig, eine Reihe von Winden wenigstens zu nennen und einzuordnen, die in der Seefahrtliteratur uns immer wieder begegnen.
Ich ordne sie alphabetisch.

Baguio	Philippinischer Name für Taifun.
Blizzard	Schneestürme aus nördlichen Richtungen (Kaltlufteinbrüche) in Nordamerika.
Cordonazo	tropischer Orkan vor der Westküste Mittelamerikas und Mexikos.
Etesien	von April bis Oktober im östlichen Mittelmeer wehende Winde.
Harmattan	ablandiger NO-Wintermonsun aus der Sahara, oft mit rotem Staub aus dieser Wüste.
Hurrican	tropischer Orkan über Westindien (auch westindischer Orkan genannt).
Mauritiusorkan	tropischer Orkan im südlichen Indischen Ozean.
Norder	stürmischer Kaltlufteinbruch aus Nord, z. B. im Golf von Mexiko.
Pampero	stürmischer Kaltlufteinbruch aus Süd an der argentinisch-südbrasilianischen Küste.
Sommerpampero	Gewitterbö in der Nähe der La-Plata-Mündung.
Suestados	Südoststürme in der La-Plata-Mündung.
Sumatras	Fallwinde in der Straße von Malacca.
Südsee-Orkan	tropischer Orkan im Süd-Pazifik.
Taifun	tropischer Orkan im Nord-Pazifik.

Tornado	1. Gewitterböen an der Westküste Afrikas zwischen 10° S und 25° N.
	2. Windhosen großen Ausmaßes in Nordamerika.
White squalls	Kaltlufteinbrüche ohne Regen und Bewölkung, Fallwinde in den westindischen Gewässern.
Williwaws	Fallwinde an den Steilküsten des Feuerlandes und Patagoniens.
Willy-Willies	tropische Orkane vor Nord- und Westaustralien.
Zyklon	tropischer Orkan im nördlichen Indischen Ozean.

Luftmassen

Lagert eine Luftmasse längere Zeit an derselben Stelle, so nimmt sie weitgehend Eigenschaften an, die ihrer geographischen Lage entsprechen. Die Luft über dem Azorenhoch z. B. wird warm und feucht, eventuell diesig, Luft im Sibirischen Kältepol kalt, trocken und sichtig werden. Man unterscheidet in unseren Breiten nach ihrer Herkunft *Arktikluft* aus den polaren Gebieten und *Tropikluft* aus dem Roßbreitenhoch.

Arktikluft ist sehr trocken und enthält wenig Kondensationskerne, sie ist rein, sichtig und arm an Wolken. Strömt sie allerdings längere Zeit über See, dann wird sie in den unteren Schichten feuchter und wärmer. Sie neigt mehr zu Bewölkung und Schauern. Man nennt sie dann *maritim-arktisch*. Kommt sie aber über das Festland zu uns, so ist sie besonders trocken und bringt heiteres Wetter, man nennt sie nun *kontinental-arktisch*.

Entsprechend unterscheiden wir die *maritim-tropische* Luft, die aus dem Roßbreiten-Hoch über das Meer zu uns kommt, von der *kontinental-tropischen*, wie sie uns als SO-Wind aus dem Balkan erreicht. Die erstere neigt zu Nebelbildung, Sprühregen und Diesigkeit, die letztere bringt trockenes, relativ warmes Wetter.

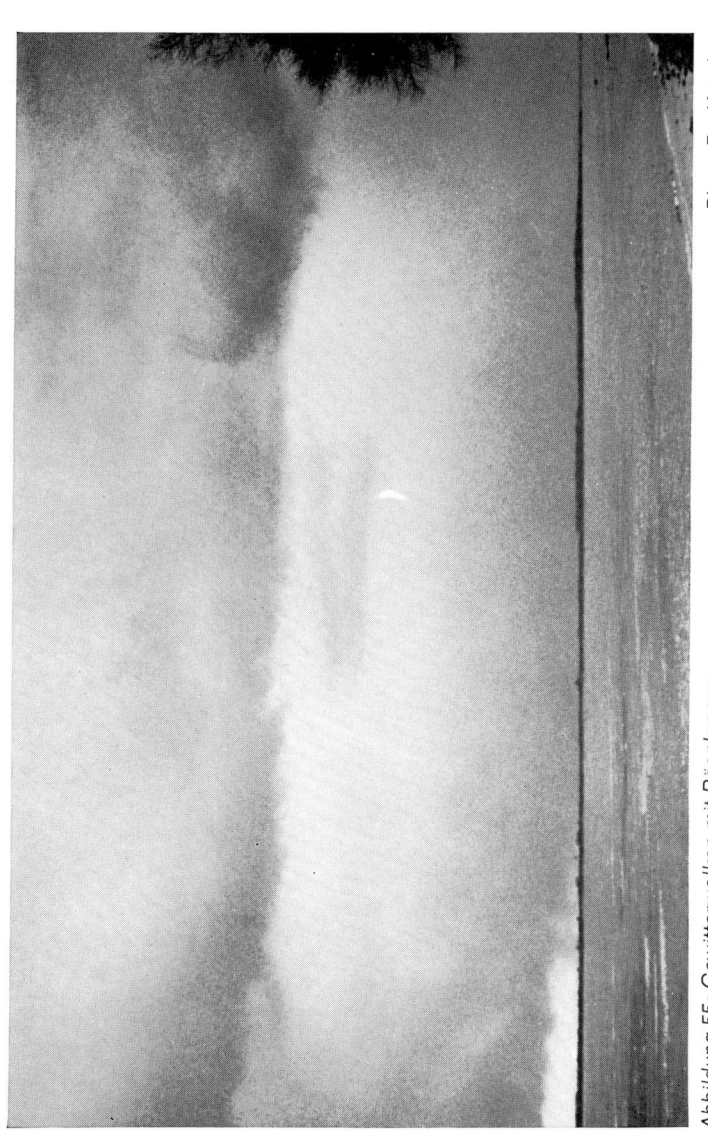

Photo Dr. Krügler

Abbildung 55: Gewitterwolken mit Böenkragen

Photo Dr. Krügler

Abbildung 57: Aufzug eines Schlechtwettergebietes

Photo Dr. Krügler

Abbildung 59: Schauerwolken auf der Rückseite eines Tiefs

Der Aufgleitvorgang, Warmfront

Stoßen verschiedene Luftmassen aufeinander, so gibt es Krieg. An der „Front" beobachten wir deutlichen Wetterwechsel und eventuell sprunghafte Änderungen der Windrichtung, der Temperatur und des Luftdrucks. Wir betrachten zunächst zwei theoretisch mögliche Fälle.

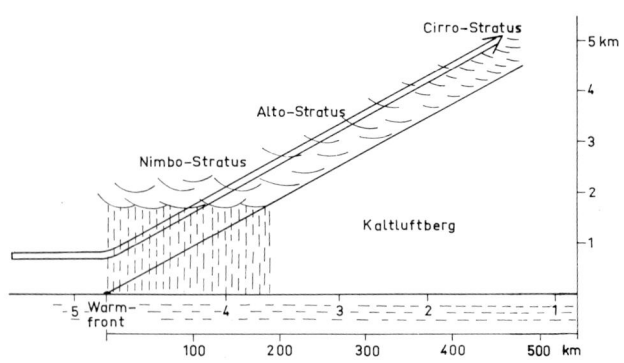

Abbildung 56: Der Aufgleitvorgang

1. Strömende Warmluft trifft auf ruhende Kaltluft.

Nehmen wir an, daß ein ruhender Berg kalter Luft einer aktiven, heftig aus dem Westen heranströmenden Warmluftmasse im Wege liegt. Wegschieben kann sie ihn nicht. Während sie einen Teil wegdrückt, wird sie selbst angehoben, sie *gleitet* auf.

Die Grenze, an der das Aufgleiten beginnt, nennen wir die Front, und zwar *Warmfront*, weil die warme Luft der Angreifer ist. Man spricht auch von der *Aufgleitfront.*

Die Abbildung 56 ist wieder stark überhöht. In Wirklichkeit beträgt die Steigung der Grenzfläche der beiden Luftmassen, der *Aufgleitfläche,* nur 1 : 100.

Wir wissen, was Hebung von Luft bedeutet (Seite 68). Auch in diesem Falle wird die angehobene Warmluft kälter und damit relativ feuchter. Besonders wenn es sich um feuchte Meeresluft handelte, werden sich ausgedehnte Wolkenfelder (Schichtwolken) bilden, aus denen Regen fällt (Nimbus-Wolken).

Diese Wolken, die an der Front sehr tief sind, bestehen an der oberen Grenze, die über 5 km hoch liegt, schon aus Eiskristallen, in denen die Sonne schöne Halo-Erscheinungen hervorruft. Nach den lateinischen Wolkenbezeichnungen müssen wir die Wolken der Reihe nach, wie in der Abbildung 56 eingetragen, Nimbostratus (Ns), Altostratus (As), Cirrostratus (Cs) nennen.

Da die Aufgleitfläche nur sehr langsam ansteigt, sind die Wolken weiträumige Schichtwolken (Stratus) und der Regen sehr leicht, aber über weite Gebiete hin regnend. Wir sprechen bei diesem leisen Regen von *Landregen*, die Hamburger sprechen von „Schmuddelregen". Das Regengebiet ist bis zu 200 Seemeilen breit, bei niedrigen Temperaturen als Schneegebiet eventuell 250 Seemeilen.

An der Stelle, wo die Kaltluft zurückweicht, kommt es gelegentlich zur Nebelbildung (Frontalnebel).

In der Wetterkarte ist die Warmfront als leicht gekrümmte Linie mit aufgesetzten kleinen Halbkreisen gekennzeichnet, die Landregenzone ist schraffiert.

Was geben Beobachter als Wetterschilderung, wenn wir sie auf die Position 1 bis 5 der Abbildung 56 verteilen?

Beobachter 1 steht mitten im Kaltluftberg, im Zentrum des Hochs. Er wird keinen Wind haben, sichtige Luft, wolkenlosen Himmel, hohen Luftdruck, niedrige Lufttemperaturen.

Seine Wetterlage sähe in der Wetterkarte so aus:

In Richtung Front wird er eventuell schon „Windwolken" aufziehen sehen, die Cirruswolken in der Warmluft, die in 5 km Höhe stürmisch herankommt und die Wolken zu langen Fäden eventuell mit Haken am vorderen Ende verweht. (Windbäume, Haken-Cirren, siehe Abbildung 57, Seite 98).

Der Beobachter 2 sieht schon einen großen Teil des Himmels mit Cirruswolken bedeckt, der Luftdruck beginnt zu fallen, ein leichter östlicher bis südöstlicher Wind erhebt sich, ausströmend aus dem Hoch. Er steht noch mitten in der kalten Luft. Er beobachtet: Lufttemperatur + 5° C, Luftdruck 1017,0 mb, Wind OSO 2.

Nach den Vorschriften des Funkdienstes schreibt er an den Stationskreis rechts nur die Zehner, Einer, Zehntel des Millibarwertes und links nur die Anzahl der Grade der Lufttemperatur, also:

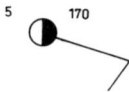

Für den Beobachter 3 gilt: Weiter fallender Luftdruck (über ihm steht schon wesentlich mehr leichte Warmluft!), der ganze Himmel mit grauem Altostratus bedeckt, Sonne oder Mond scheinen nur noch als blasse Scheiben durch, Wind dreht südlicher, Luft immer noch kalt. Er meldet:

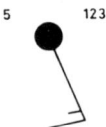

Bei weiterer Annäherung an die Front werden die Wolken immer niedriger, bald fällt Regen.
Der Beobachter 4 steht schon in der Landregenzone und beobachtet:
Himmel ganz bedeckt mit Regen-Schichtwolken, aus denen anhaltender Regen fällt, Luftdruck fällt, Temperatur steigt etwas, Wind dreht südlicher und frischt auf, Sicht wird schlechter. Er zeichnet ein:

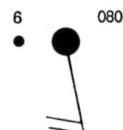

Der Beobachter 5, der auf der anderen Seite der Warmfront, also in der heranströmenden warmen Meeresluft steht, meldet ganz anderes Wetter.

Frische, warme südwestliche bis westliche Winde, höhere Temperatur, Aufhören des Regens, Luftdruck niedrig. Seine Meldung lautet:

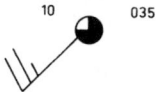

Der Einbruchsvorgang, Kaltfront

Ganz anders läuft alles ab bei der zweiten Möglichkeit, die wir jetzt besprechen wollen:

2. *Strömende Kaltluft trifft auf ruhende Warmluft.*

Nehmen wir nun an, daß Kaltluft aus dem Westen heranströmt und eine ruhende Warmluftmasse trifft.

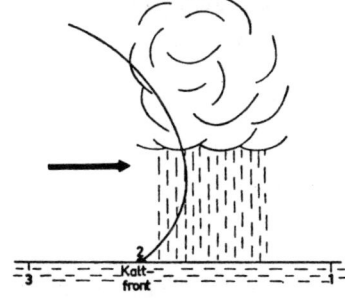

Abbildung 58: Der Einbruchsvorgang

Die schwere Kaltluft wühlt sich nun unter die ruhende, leichtere Warmluft und hebt sie vom Erdboden ab. Wieder entstehen Wolken, aber in diesem Falle mächtig sich auftürmende Haufenwolken. „Schauer"liche Regengüsse, Hagel, Graupel, Gewitter sind die Begleiterscheinungen des *Einbruchs*.

Die Grenze am Erdboden, wo die Kaltluft auf die Warmluft trifft, nennt man *Kaltfront* oder *Einbruchsfront, Kalt*front, *weil die kalte Luft Angreifer ist.*

103

In der Wetterkarte ist die Kaltfront durch spitze aufgesetzte Dreiecke gekennzeichnet.

Verteilen wir wieder Wetterbeobachter, so meldet der Beobachter 1, der in der Warmluft steht, im Westen riesige Wolkenbänke als Vorzeichen der Kaltfront. Oft haben diese Wolken die Form einer großen Walze (Böenkragen). Seine Eintragung sei etwa

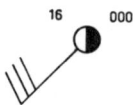

Der Beobachter 2 steht noch mitten in den Regengüssen der Kaltfront, düstere Regenwolken, aus denen Fetzen hängen, bedecken den Himmel. Der Luftdruck war auf den tiefsten Wert gesunken, steigt nun aber wieder rasch an, es wird kalt. Der Wind springt auf W bis NW und wird steif („Ausschießen" des Windes) und böig. Die Böenstöße werfen rasch starken Seegang mit weißen Schaumköpfen auf. Der Beobachter trägt ein:

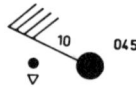

Hinter der Kaltfront, beim Beobachter 3, ist das Wetter dann schon wieder handiger. Der Beobachter ist in der Kaltluft, es heitert auf, Sicht ist gut, Bewölkung nimmt ab, eventuell kommen noch einzelne eng begrenzte Schauer („Flagen"), Luftdruck steigt, Winde nordwestlich. Er meldet:

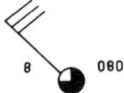

Die „braven" Westwinde

Unsere Breiten bilden eine Zone stark veränderlichen Wetters. Wir liegen zwischen der Hochdruckgrenze der Roßbreiten und dem Hoch über dem kalten Pol. Von beiden fließen Luftmassen in die dazwischenliegenden Tiefdruckrinnen.
Sie werden durch die Erdrotation auf Nordbreite nach rechts abgelenkt. Auf unserer Breite ist die Ablenkung, wie wir auf Seite 75 besprachen, am stärksten. Es werden daher fast östliche Winde aus dem Pol-Hoch und westliche aus dem Roßbreiten-Hoch wehen.
Die Westwinde aus dem Roßbreiten-Hoch sind am ausgeprägtesten auf Südbreite, weil dort in 40°—60° keine Landmassen ihre Entwicklung stören. Man nennt sie dort die „braven" Westwinde. Aber nicht, weil sie besonders brav wären. Das Wort stammt aus dem Italienischen und bedeutet alles andere als zahm! Die englischen Bezeichnungen „roaring forties" und „furious fifties" geben schon besser die Sturmgewalt der

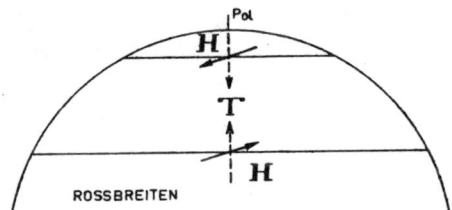

Abbildung 60: Die Zone der überwiegenden Westwinde

Weststürme dieser Zone wieder. Es sind auch keine stetig aus derselben Richtung und mit derselben Stärke wehende Winde, wie die Passate, sondern sie wechseln die Richtung von N über W nach S, und ihre Stärke schwankt zwischen leisem Zug und Orkan.
Das können wir nun verstehen. Denn auf Süd- wie auch auf Nordbreite strömen ja ganz verschiedenartige Luftmassen mit fast entgegengesetzter Richtung in das Tiefdruckgebiet ein. Sie können nicht aneinander

vorbeifließen, ohne daß sie sich stören, d. h. Kaltluft in die wärmere oder Warmluft in die kältere vorstößt. Und was dann passiert, haben wir schon untersucht.

Die Grenzlinie am Erdboden zwischen Warm- und Kaltluft nennen wir die *Polarfront*. Diese Polarfront bekommt also Beulen. Auch geographische Hindernisse, wie das mehr als 2000 m hohe Grönland, die nordamerika-

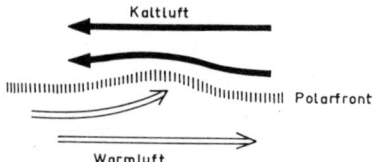

Abbildung 61: Die Polarfront

nischen Felsengebirge, Nowaja Semlja oder der Ural, werden die Winde stauen und nach Süden oder Norden ablenken.

So kommt es zu den großen Kaltlufteinbrüchen in die Warmluft. Dabei wird die beiseitegedrückte Warmluft zum Teil in der Nachbarschaft in die Kaltluft wieder einbrechen, so daß an der Polarfront eine Wellenbewe-

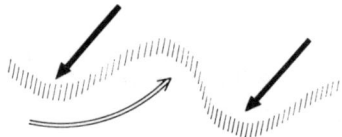

Abbildung 62: Beginnende Wellenbildung

gung entsteht, wie es Abbildung 62 andeutet. Schwarze ausgezogene Pfeile bedeuten Kaltluft, ausgesparte, wie auch in den Wetterkarten, Warmluft.

Eine dieser Wellen greifen wir heraus und betrachten die entstehenden Wetterverhältnisse.

Die Ideal-Zyklone

Der Kampf zwischen den warmen und kalten Luftmassen an der Polarfront wurde von Bjerknes und seinen Mitarbeitern in dem folgenden
idealisierten Zyklonenmodell anschaulich gemacht, wie es die Abbildung
63 darstellt. (Vergleiche Abbildung 78).

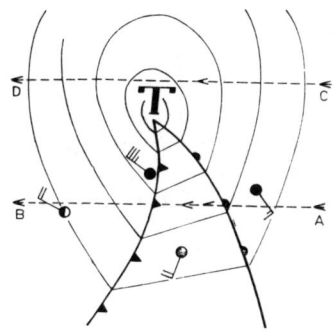

Abbildung 63: Voll entwickelte
Zyklone

Zwischen zwei Kaltlufteinbrüchen liegt ein Sektor warmer Meeresluft mit
südwestlichen Winden. Diese Winde gleiten an der östlich liegenden
Kaltluft auf, und es entstehen die Wetterfolgen, die wir auf Seite 100
entwickelten. Westlich von dem Warmluftsektor bricht Kaltluft mit großer
Stärke in die Luft des warmen Sektors ein, es entsteht die Wetterfolge
des Falles 2 auf Seite 103.
Man nennt das Gebiet östlich von der Warmfront die *Vorderseite,* das
Gebiet westlich der Kaltfront die *Rückseite,* das Gebiet der südwestlichen Winde den *warmen* Sektor der Zyklone.
Nehmen wir an, daß ein Beobachter von Ost nach West entlang der Linie
A—B der Abbildung 63 das Gebiet der Zyklone durchsegelt; er wird
einen Wetterablauf erleben, der den Meldungen der Beobachter 1, 2, 3,
4 . . . entspricht. Wir stellen die Wetterfolge noch einmal zusammen.

Das Wetter in einer Zyklone

I. Beobachter auf einem Wege A—B südlich des Zentrums der Zyklone.

1. Vor der Warmfront (Vorderseite).

Als erstes Störungszeichen erblickt der noch in der Kaltluft stehende Beobachter im Westen Cirruswolken, welche die Form von Windwolken haben.
Bei weiterer Annäherung verdichten die Wolken sich zu einer Cirrostratusschicht. Der Luftdruck beginnt zu fallen, der leichte Ostwind dreht südlicher.
Je weiter der Beobachter sich der Front nähert, desto tiefer und grauer werden die Wolken, schließlich werden es Regenwolken, aus denen erst spärlich, dann dichter werdend Landregen fällt. Der auffrischende Wind kommt aus SO bis S, der Luftdruck fällt, die Sicht wird schlechter.

2. In der Warmfront.

In der Warmfront dreht der Wind auf SW und frischt auf, der Regen hört auf, es wird wärmer. Der Luftdruck fällt nicht mehr.

3. Im warmen Sektor.

Im warmen Sektor wehen warme, südwestliche Winde, das Wetter ist heiter, etwas diesig. Eventuell fällt Sprühregen aus niedrigen Schichtwolken, wenn die Luft über Kaltwasser strich. Der Luftdruck hat seinen niedrigsten Wert vor der Kaltfront. Im Westen lagert drohend die Wolkenwand der Kaltfront. (Böenkragen).

4. In der Kaltfront.

Beim Passieren der Kaltluft schießt der Wind nach NW aus. Es wird kalt. Der Luftdruck beginnt wieder zu steigen. Es fallen heftige, aber kurze Schauer, eventuell Hagelschauer mit Gewitter. In diesen Augenblicken ist die Sicht sehr schlecht. Wind ist böig, Seegang steil.

5. Hinter der Kaltfront (Rückseite).

Jetzt steht der Beobachter in der Kaltluft, die Sicht wird gut, die Bewölkung nimmt ab. Eventuell gibt es noch Regenschauer. Die Stärke des nordwestlichen Windes geht zurück.

II. Beobachter auf einem Wege C—D nördlich des Zentrums der Zyklone.

Aber einen ganz anderen Wetterablauf wird ein Beobachter erleben, der entlang der Linie C—D, also polwärts, die Zyklone von Ost nach West durchsegelt. Er kommt überhaupt nicht in den warmen Sektor, er passiert nur die Regen- und Wolkenfelder, die der aufgleitenden Warmluft entstammen.
Der Wind dreht für ihn langsam zurück, krimpt, ohne daß es zu sprunghaften Windrichtungsänderungen (wie an der Kaltfront) kommt.
Er wird ebenfalls als erstes Anzeichen Windwolken im Westen sehen und dann den Cirrusschleier erleben, der sich langsam immer mehr senkt.
Auch den Regen wird er bekommen, umso stärker und länger, je südlicher der Weg C—D liegt, d. h. je näher der Beobachter dem Zentrum der Zyklone kommt.
Steht der Beobachter dann auf der Rückseite, so wird er Schauerwolken beobachten und eventuell noch einige Regenschauer bekommen.

Das Wachsen und Vergehen einer Zyklone

Nun, in Wirklichkeit brauchen wir nicht durch das Gebiet einer festliegenden Zyklone hindurchzusegeln, sondern wir können getrost uns hinsetzen und warten: Die ganzen, eben geschilderten Wetterzustände werden über uns hinwegziehen, denn die Zyklone wandert, und zwar von West nach Ost. Dabei ändert sie ihre Form und Kraft wesentlich.
Zunächst (vergleiche Seite 106) — und das wäre das Geburtsstadium — entsteht eine kleine Ausbuchtung der Polarfront und damit grundsätzlich eine Warm- und Kaltfront. Die Kaltfront ist aber aktiver als die Warmfront, daher wird sie der Warmfront aufrücken. Der warme Sektor wird schmaler. Bald ist der Zustand der Idealzyklone erreicht. Dabei schiebt sich das ganze Störungsgebiet immer weiter nach Osten. Schließlich erreicht die Kaltfront die Warmfront, die Zyklone „klappt zusammen", sie

okkludiert. Nun ist die ganze Warmluft vom Boden abgehoben. Dann schwächt sich meistens der ganze Wirbel ab und ist am Erdboden nur noch als durchziehendes Wolkenfeld erkennbar.

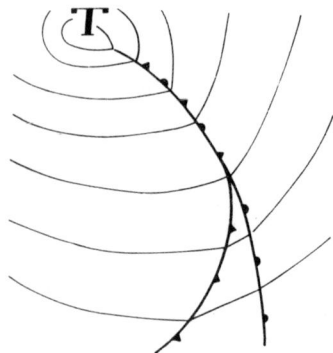

Abbildung 64: Okklusion

Die Zyklone ist während dieser Entwicklung immer weiter nach Osten gedrückt worden. Zuerst, im Jugendstadium, wandert sie sehr schnell, im Stadium der Idealzyklone (Abbildung 63) nur noch mit Frachtdampfergeschwindigkeit, um im Stadium des Okkludierens nur noch recht langsam, eventuell gar nicht mehr weiterzumarschieren: Das Tief ist „stationär" geworden.

Man rechnet, daß im Mittel vom Entstehen bis zur Idealzyklone der Abbildung 63 ein Tag vergeht, bis zur Okklusion ein weiterer.

Übrigens, eine Okklusion kann sehr verschiedenen Charakter haben. Ist die angreifende Rückseiten-Kaltluft kälter als die vorgelagerte Vorderseitenkaltluft, so hat die Okklusion *Kaltfrontcharakter,* d. h. in dem durchziehenden Wolkenfeld überwiegen die Haufenwolken (Cu, Cumulonimben). Ist die Vorderseitenkaltluft kälter, hat die Okklusion *Warmfrontcharakter,* es überwiegen Schichtwolken (Stratus).

Der Vorgang der Okklusion kann wesentlich beschleunigt werden, wenn eine Zyklone auf ein geographisches Hindernis stößt, wie z. B. die norwegische Felsenküste. Es kommt dann vor, daß der südliche Teil, der im Skagerrak nicht behindert wird, als selbständiger Wirbel weiterzieht. (Skagerrak-Zyklone).

Geht eine Okklusion über unser Schiff hin, so wird bei der Annäherung der Luftdruck fallen, Wind und Bewölkung zunehmen. Beim Durchgang regnet es, die Sicht ist mäßig. Danach steigt der Luftdruck wieder, der Wind dreht rechts und nimmt ab, einzelne Regenschauer fallen, die Sicht wird gut.

Geht der Kern eines Tiefdruckgebietes über das Schiff hinweg, so müßte aus dem SO-Wind plötzlich der um 180° anders gerichtete NW-Wind werden. Dazwischen könnte eine Zeit absoluter Windstille liegen. Das erlebt man beim Durchgang des Zentrums eines tropischen Orkans, das man das „Auge" des Orkans nennt.

Die oben geschilderte Wellenbewegung an der Polarfront bedeutet, daß praktisch nicht nur eine, sondern eine ganze Serie von Zyklonen, eine *Zyklonenfamilie*, ensteht (vergleiche Abbildung 79).

Zugstraßen der Zyklone

Geographische Hindernisse ebenso wie große, festliegende Hochdruckgebiete gestalten die Bahn der wandernden Zyklonen, so daß die grundsätzlich West — Ost verlaufenden Bahnen über unseren normalen Segelgebieten recht verschieden liegen können.

Die sorgfältige, jahrzehntelange Beobachtung der Zyklonen hat folgende bevorzugte Zugbahnen ergeben:

Zugbahn I. Die Zyklone folgt etwa dem Golfstrom, das Zentrum zieht weitab von der englischen und norwegischen Küste nordwärts. Diese Zyklonen, meistens sehr großräumige, sind für uns uninteressant, weil sie unser Segelwetter in Nord- und Ostsee nicht gestalten. Allerdings können sich „Randtiefs" von ihnen lösen, welche dann über Skagerrak und Kattegat ziehen und der Ostsee Stürme bringen.

Zugbahn II. Die Zyklone zieht aus dem Raum Färöer-Schottland direkt nach Südfinnland.

Zugbahn III. Die Zyklone zieht aus demselben Raum südöstlicher zur mittleren Ostsee. Diese Bahn wird im Winter bevorzugt und bringt für die Nordsee schwere Stürme.

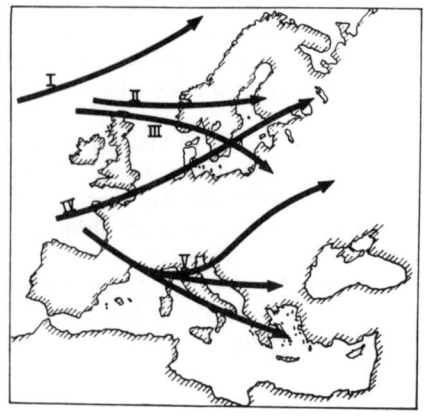

Abbildung 65: Bevorzugte Zugbahnen der Zyklonen über unserem Raum.

Zugbahn IV. Die Zyklone wandert vom Westeingang des Kanals nach Nordosten und bringt, besonders im Sommer engbegrenzte, aber kräftige Sturmgebiete, die häufig sehr schnell ziehen. (Eventuell schneller, als der Wetterdienst prophezeit!)

Zugbahn V. Die Zyklone zieht am Ostrand der Alpen entlang über Österreich und Schlesien zur Ostsee und bringt der Ostsee heftige Stürme. Die Bahn wird nur selten, dann im Sommer durchlaufen.

Zusammenfassend können wir feststellen, daß die Zyklonen vorzugsweise über große Wasserflächen ziehen und Gebirge und Festland zu meiden suchen.
Aber das sind nur statistische Feststellungen, für unsere Wetterentwicklungsvoraussagen werden wir noch andere Regeln geben müssen (Seite 156).

Troglage

Während der tiefste Druck in den bisher besprochenen Fällen im Zentrum der Zyklone lag, unmittelbar hinter der Kaltfront die stärksten Winde wehten, kommt es praktisch öfter vor, daß der tiefste Druck erst weit hinter der Kaltfront liegt. Die Windstärke nimmt nach dem Passieren der Kaltfront zunächst ab, um dann nach einiger Zeit zu schlimmstem Sturm aufzubrisen.

Man spricht dann von einem Trog tiefen Druckes, der sich hinter der Kaltfront gebildet hat. In der Abbildung 66 ist die charakteristische Form der Isobaren bei einer Troglage dargestellt. Die Zeichnung läßt auch die starke Auffächerung der Isobaren hinter der Kaltfront erkennen, die zum beschriebenen Abflauen des Windes führt.

Wenn also — wichtig! — nach dem Passieren der Kaltfront der Druck nicht kräftig zu steigen beginnt und der Wind etwas zurückdreht, dann steht uns der schlimmste Sturm noch bevor!

Erst wenn der ganze Trog durchgestanden ist, steigt der Luftdruck schnell, und der Sturm flaut rasch ab.

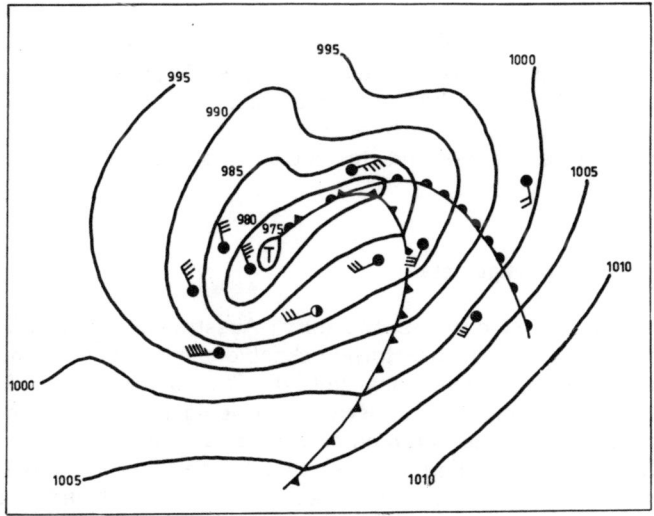

Abbildung 66: Trog

Das Zwischenhoch

Im Gegensatz zu den großen stationären, ortsfesten Hochdruckgebieten sind die *Zwischenhochs*, die sich zwischen den Zyklonen einer Serie (Familie) als Hochdruckkeile einschieben, *wandernde* Hochdruckgebiete. An ihrer Vorderseite (Ostseite) finden wir die böigen W- bis NW-Winde der Rückseite der vorhergehenden Zyklone, gute Sicht, eventuell Regenschauer. Auf der Rückseite des Zwischenhochs zeigen sich die Anzeichen der folgenden Zyklone. Im Hoch selbst haben wir Schönwetter und wenig Wind.

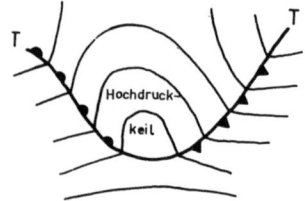

Abbildung 67: Zwischenhoch

Aus unserer Kenntnis der Wandergeschwindigkeit der Störungsgebiete verstehen wir, daß die Wetterbesserung des Zwischenhochs meistens nur von kurzer Dauer ist, höchstens vielleicht 1 bis 2 Tage anhält.
Wandernde Hochs können sich, besonders wenn sie das abschließende Hoch einer Störungsserie sind, festsetzen und *ortsfest,* stationär, werden.

Stationäre Hochdruckgebiete

Kühlt sich im Winter das Festland durch Ausstrahlung stark ab, bilden sich *stationäre,* festliegende Hochdruckgebiete mit fast abnorm hohem Luftdruck (1065 mb wurden beobachtet), die *Strahlungshochs.*
Die Meteorologen nennen sie, anscheinend wenig sinnvoll, *warme* Hochs. Die Bezeichnung hat aber ihren guten Grund darin, daß die im Innern der Luftsäule über dem Hochdruckgebiet absinkende Luft sich ja dynamisch erwärmt. Es mag also am Erdboden recht kalt sein, in 500 m Höhe schon ist die Luft relativ warm.

Die absinkenden warmen Luftmassen treffen über dem Erdboden die sehr kalte Luft. Die Folge sind Bodennebel, die oft wochenlang liegen bleiben *(Hochnebel)* und erst aufhören, wenn ein kräftiges Tief die am Erdboden fest lagernde Luft absaugt.

Auch im Sommer können derartige warme Hochdruckgebiete über Land liegen. Es kommt dann zu sehr hohen Tagestemperaturen, eventuell zu lang anhaltenden Hitze- und Trockenperioden. Nachts ist der Himmel wolkenlos, tags sieht man nur kleine, rasch vergehende Schönwetter-Cumuluswolken. Zu Gewittern kann es nicht kommen, da die Luft sehr trocken ist.

Typische Wetterlagen in unserem Raum

Wer längere Zeit das Wetter über unseren wichtigsten Segelräumen beobachtet, wird finden, daß einige typische *Wetterlagen* immer wiederkehren. Wir stellen sie hier kurz zusammen.

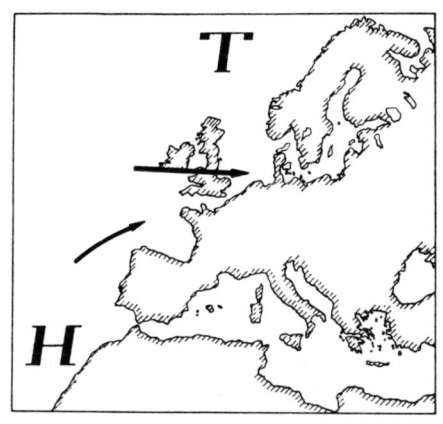

Abbildung 68: West-Wetterlage

1. Die West-Wetterlage

Diese Wetterlage tritt bei uns zu allen Jahreszeiten auf. Unser Wetter wird dann diktiert durch das stationäre Azoren-Hoch und ein stationäres

115

Tief im Raume Island, das Island-Tief. Wir können es nach unseren Untersuchungen verstehen, was die Folge ist:
Auf der Westseite des Tiefs bringt Nordwind kühle Polarluft nach Süden, auf der Westseite des Hochs strömt als Südwind warme Meeresluft nach Norden. An der entstehenden Trefflinie (Frontalzone) entstehen ganze Serien von Zyklonen, die nun West — Ost ziehen und uns hier wechselhaftes Wetter in der Reihenfolge der Zyklonentheorie, also kurz gesagt häufige Niederschläge, von kürzeren Aufheiterungen unterbrochen, und lebhafte Winde bescheren.

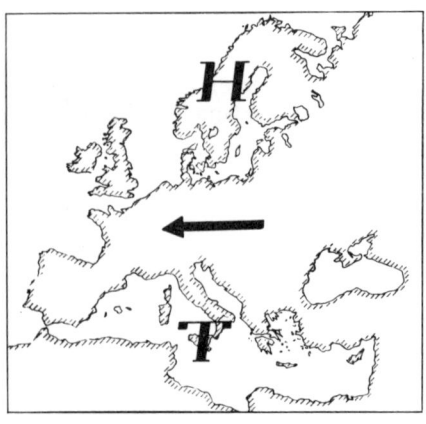

Abbildung 69: Ost-Wetterlage

2. Die Ost-Wetterlage

Liegt umgekehrt ein stationäres Hoch im Norden, etwa über Skandinavien und ein Zentraltief im Süden, über dem Mittelmeer, so kommen die aus dem Osten herangeschafften Luftmassen von der Festlandseite her, sind kontinental, d. h. trocken und im Sommer sehr heiß, im Winter sehr kalt. Wir haben daher im Sommer mit Hitze und Trockenheit, im Winter mit sehr großer Kälte zu rechnen. Diese Lage ist meistens recht dauerhaft.

3. Die Nord-Wetterlage

Anders herum! Jetzt finden wir ein festliegendes Hoch über dem Atlantik und England, ein Zentraltief über Ostsee und baltischem Raum. Die herangeführte arktische Kaltluft bringt Schauerwetter. („Aprilwetter"). Die wolkenlosen Nächte bringen Frostgefahr. Diese Kälteeinbrüche dauern

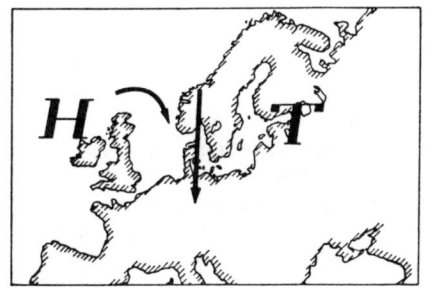

Abbildung 70: Nord-Wetterlage

allerdings meistens nur einige Tage, sie sind aber sehr unangenehm und treten recht regelmäßig in jedem Frühjahr auf. Sie tragen im Volksmund besondere Namen. Es sind die *Eisheiligen* (Anfang Mai) und die *Schafkälte* (Anfang Juni).

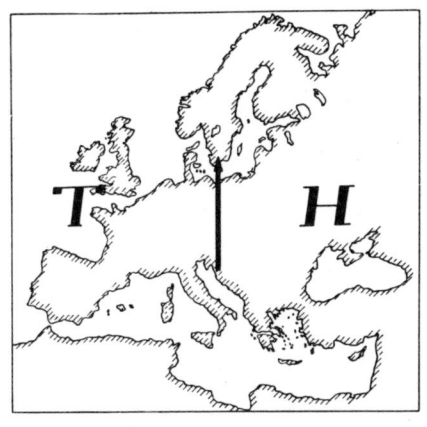

Abbildung 71: Süd-Wetterlage

117

4. Die Süd-Wetterlage

Liegt umgekehrt über Osteuropa ein ortsfestes Hoch, so bringen die vorherrschenden Südwinde im Sommer kontinentale Warmluft in den Raum Nord- und Ostsee. Wenn diese Winde möglicherweise noch die Alpen überschreiten müssen, werden sie durch Föhnwirkung noch wärmer und trockener.
Wir erleben dann in Deutschland lang anhaltendes Schönwetter, kaum Wolken, kaum Niederschläge.

5. Monsun-Wetterlage

Auf Seite 86 wurde schon geschildert, daß wir in jedem Jahr auch monsunartige Winde über Deutschland erwarten müssen.
Der Wintermonsun kommt aus dem Hoch über Rußland als trockener, kalter Südostwind, der Sommermonsun weht, vor allem im Juni und Juli als feuchter, regnerischer Nordwestwind und verdirbt uns die Frühsommerreise.

IV. Wie erfahre ich, wie das Wetter sich wirklich entwickelt?

(Der Wetterdienst)

Der Seewetterdienst

Um See- und Luftfahrt möglichst gefahrlos und mit dem größten Nutzeffekt ausführen zu können, ist ein riesiger, kostspieliger Apparat aufgezogen, der nach internationalen Abmachungen dafür sorgt, daß genügend Wetterbeobachtungen gemacht werden, und daß diese dann möglichst schnell verarbeitet und in Form von Wetterberichten oder speziellen Warnungen den Nutznießern zugänglich gemacht werden.

Da wir als Segler diese Dienste ausnutzen wollen, müssen wir etwas von der Organisation des Wetterdienstes, speziell des See-Wetterdienstes wissen. Wir werden dann besser beurteilen können, was wir von diesem See-Wetterdienst erwarten können und was er auch bei bestem Willen nicht leisten kann!

Um ein Bild der Wetterlage über ein größeres Gebiet zu bekommen, müssen für möglichst viele Orte möglichst vollständige Wetterbeschreibungen vorliegen, und zwar müssen diese Beschreibungen für denselben Zeitpunkt gelten (synoptische Methode).

Es ist international vereinbart, daß diese Beobachtungen alle sechs Stunden, und zwar zu den Terminen MGZ = 0 Uhr, 6 Uhr, 12 Uhr und 18 Uhr gemacht werden.

Auch die erwünschten Beobachtungen und Messungen sind festgelegt. Sie werden verschlüsselt und in Form eines „Obs"-Telegrammes möglichst schnell verabredeten Sammelstellen zugeleitet.

An diesem Beobachtungsdienst beteiligen sich zunächst natürlich alle Wetterwarten rund um den Ozean herum und auf den Inseln. Sie beobachten meistens sogar dreistündlich. Aber dabei würden die riesigen Meeresflächen — 70% der Erdoberfläche sind Meer! — ausfallen, und man würde z. B. gerade von dem Entstehen einer Zyklone im Nordatlantik oder eines tropischen Wirbelsturmes an den Grenzgebieten zwischen den Mallungen und Passaten nichts bemerken.

Diese Lücken schließen die Beobachter an Bord der Schiffe. In freiwilligem Einsatz liefern die Schiffsoffiziere aller Flotten von allen Routen des Weltverkehrs alle 6 Stunden Tausende von ausführlichen Wetterberichten („See-Obs"), die folgende Angaben enthalten (in der Reihenfolge des Seeobstelegrammes):

Zeitangabe
Position
Bedeckung mit Wolken
Windrichtung und Stärke
Sichtweite
Wetter zur Zeit der Beobachtung
Wetterverlauf in den letzten 6 Stunden
Luftdruck
Lufttemperatur
Wolkenarten
Kurs und Geschwindigkeit des Schiffes
Größe und Art der Luftdruckänderung in den letzten 3 Stunden
Wassertemperatur
Taupunkt
Richtung, aus der die Wellen kommen
Wellenperiode
Wellenhöhe
Eventuell Eismeldung

Im Seewetteramt Hamburg liefen im Jahre 1969 22 775 Beobachtungssätze von 358 deutschen Schiffen über Funktelegraphie ein.

In den 100 Jahren des Bestehens eines deutschen Seewetterdienstes wurden über 9 Millionen derartige Beobachtungssätze gesammelt. Insgesamt beteiligen sich auf der ganzen Erde etwa 6000 Schiffe an diesem Dienst.

Ideal ist aber das so anfallende Material immer noch nicht, weil die Schiffahrt bestimmte eng abgegrenzte Routen bevorzugt, die sich aus den Handelsbeziehungen ergeben. So bleiben große Räume fast unbefahren, aus ihnen laufen keine Wettermeldungen ein.

Wetterschiffe

Die Beobachtungen der Stationen an den Küsten rundherum und der Handelsschiffe werden daher noch ergänzt durch die Beobachtungen geschulter Meteorologen auf systematisch auf dem Nordatlantik verteilten *Wetterschiffen*, die von den beteiligten Staaten gestellt bzw. durch Zuschüsse unterhalten werden.

Im Nordatlantik liegen *neun* Wetterschiffe aus, die stündlich ausführliche Wetterbeobachtungen anstellen und auch Radiosonden (siehe Seite 122) aufsteigen lassen.

Pilotballon und Radiosonde

Die theoretischen Abschnitte zeigten uns, wie unser Wetter in einer Schicht von 10 km Höhe sich abspielt und auch die Vorgänge in größeren Höhen entscheidend für die Wetterentwicklung sein können. Der Wetterdienst hat daher schon früh versucht, Luftdruck und Winde in größeren Höhen zu messen. Zunächst ließ man Drachen aufsteigen, die meteorologische Instrumente trugen, oder verfolgte nur, wie ein *Pilotballon* aufstieg und vertrieben wurde (Höhenwindmessungen). Dann aber vertraute man dem Ballon selbstregistrierende Geräte an und hoffte, daß man das mit einem Fallschirm wieder herabsinkende Gerät finden und dann die Registrierungen auswerten könne. Da diese Geräte und mit ihnen die Registrierungen oft verloren gingen, war es ein großer Fortschritt, daß man die Registriergeräte mit einem kleinen Sender verbinden konnte, der laufend Lufttemperatur, Feuchte und Luftdruck an die Bodenstation meldet. Mit solchen *Radiosonden* verfolgt man heute regelmäßig die Wetterverhältnisse bis in Höhen von 20 bis 30 km.

Wenn man den Ballon außerdem mit einem guten Reflektor für Zentimeterwellen ausrüstet, kann man mit einer Art Radargerät den Ballon anpeilen und laufend den Höhenwind bestimmen.

Wettersatelliten

Seit einigen Jahren nutzt der Wetterdienst die von den Wettersatelliten aus großer Höhe ($\sim$ 1000 km) gewonnenen photographischen Aufnahmen großer Räume der Erdoberfläche mit ihren Wolkenfeldern für die Wettervorhersage aus. Diese Aufnahmen werden auch nachts durch Infrarot-Kameras gewonnen, so daß laufend die Wetterentwicklung, z. B. für ganz Europa, beobachtet werden kann.

Freiwillige Mitarbeit

An diesem Beobachtungsdienst könnten auch wir uns nach einiger Schulung beteiligen. Wenn wir schon keine Seeobstelegramme senden können, wäre es doch interessant genug, das Wetter nach den Verschlüsselungsvorschriften des Nautischen Funkdienstes (Teil III Wetterfunk) in das vorgeschriebene Wetterbeobachtungsjournal einzutragen. Genaue Anweisungen finden wir im Nautischen Funkdienst.
Jedenfalls aber sollten wir in unserem Logbuch kurze Wetter-Eintragungen machen.
Es ist zweckmäßig, für diese Eintragungen in das Logbuch Abkürzungen oder Symbole zur Beschreibung des Wetters zu benutzen.
Der englische Hydrograph *Beaufort* führte folgende Buchstabenbezeichnungen ein, die noch heute vielfach benutzt werden:

Buchstabe	Abkürzung für	bedeutet
b	blue sky	wolkenloser, blauer Himmel
c	clouds	teilweise bewölkt, einzelne Wolken
d	drizzling	Sprühregen
f	foggy	Nebel
g	gloomy	stürmisch aussehendes, trüb. Wetter
h	hail	Hagel
l	lightning	Blitzen, Wetterleuchten
m	misty	stark diesig
o	overcast	bedeckter Himmel
p	passing showers	Schauerwetter
q	squally	Böenwetter
r	rain	Regen
s	snow	Schnee
t	thunder	Gewltter
u	ugly	drohende Luft
v	visible	sehr sichtig
w	wet, dew	feucht, Tau
z	hazy	häsiges Wetter

Durch ein- oder mehrfaches Unterstreichen kann man die Stärke der betreffenden Wettererscheinung ausdrücken. So würde r Regen, r̲ starker Regen bedeuten.
In der Wetterwarte verwendet man folgende Symbole:

❥	Sprühregen	(●)	Niederschlag in der Umgebung, aber nicht am Beobachtungsort
●	Regen	●]	nach Regen
✳	Schnee	▽	Schauer
▲	Hagel	❥	tropischer Wirbelsturm
△	Graupel	⊓↘	Gewitter

∞	dunstig
≡	Nebel
=	diesig

Die Verarbeitung des Beobachtungsmaterials

Die einlaufenden Wettermeldungen werden nun auf zweierlei Weise ausgenutzt.

Erstens dienen sie als Grundlage für die täglichen Wetterberichte. Im Seewetteramt Hamburg werden zu jedem Termin über 4000 Beobachtungssätze verarbeitet.

Es entsteht, aus diesen Einzelsteinen zum Mosaik zusammengesetzt, ein Bild der Wetterlage zur Zeit des Beobachtungstermines.

In einer „Arbeitswetterkarte" werden alle Beobachtungen eingetragen. Dann zeichnen erfahrene Meteorologen die Isobaren, H und T, Fronten, Niederschlagsgebiete usw. ein. Aus dieser Karte, den Karten der vorigen Termine, Zwischenbeobachtungen, Höhenwetterkarten und theoretischen Überlegungen erwächst dann die „Prognose", die Vorhersage für die nächsten Stunden.

Nun wird der „Wetterbericht" mit seinen Vorhersagen zusammengestellt und den Sendern zur Ausstrahlung übergeben.

Das alles dauert seine Zeit, und wir müßten uns eigentlich wundern, daß wir so schnell schon an unseren Empfangsgeräten den Wetterbericht abhören können!

Die Beobachtungen werden aber noch weiter ausgewertet.

Jeder Beobachtungssatz wird nach bestimmten Regeln auf eine Karte eingestanzt (Hollerithverfahren).

Besondere Maschinen gestatten dann, aus dem gesammelten Kartenmaterial schnell etwas herauszusortieren und so für eine meteorologische Untersuchung aus den Millionen von Karten schnell die gesuchten Werte zusammenzustellen, z. B. zu der Frage der Winde im Februar südlich von Island.

Die Ergebnisse derartiger späterer wissenschaftlicher Auswertung fließen der Schiffahrt dann wieder zu in der Form von Monatskarten, Atlanten, Seehandbuchabschnitten und speziellen Empfehlungen für die meteorologische Navigation.

Diese Aufgaben bearbeitet das Seewetteramt in Hamburg, Bernhard-Nocht-Straße 76.

Vorgänger des heutigen Seewetteramtes war die 1871 gegründete Deutsche Seewarte, die bis 1945 arbeitete.

Das Seewetteramt Hamburg ist eine Abteilung des Deutschen Wetterdienstes (Zentrale Offenbach).
Der Deutsche Wetterdienst ist Mitglied der „World Meteorological Organisation" (WMO), deren Fachgruppe „Maritime Meteorologie" den Aufgabenbereich des Seewetteramtes bearbeitet.

Abbildung 72: Die Deutsche Seewarte im Jahre 1932

Weltweiter Wetterdienst

Zur Sammlung und Verarbeitung der Wettermeldungen besteht in Deutschland ein Fernschreibnetz, das mit der Telegraphiergeschwindigkeit von 400 Zeichen pro Minute die deutschen und eine Auswahl europäischer Beobachtungen allen Wetterämtern zuleitet. Ergänzt werden diese Wettermeldungen (alle sind naturgemäß verschlüsselt) durch die funktelegraphisch übertragenen Facsimile-Wetterkarten im Format 45,3x 56,2 cm, von denen auf Seite 155 berichtet wird.

Aber dieses ganze Material wird auch allen anderen Staaten zur Verfügung gestellt. Auf dem Gebiete des Wetterdienstes besteht eine wirklich internationale Zusammenarbeit, keiner schließt sich aus. Für den europäischen Raum hat die Zentrale des deutschen Wetterdienstes in Offenbach besondere Aufgaben.

Für einen „globalen" Wetternachrichtenaustausch sind besondere Fernschreibbringe eingerichtet. Für die Nordhalbkugel sind die Hauptzentren dieses Ringes Washington (World Meteorological Centre) und Moskau. Sie werden durch einige regionale Sammelstellen ergänzt (z. B. Offenbach). Auf der Südhalbkugel sind die Hauptsammelstellen Melbourne und Brasilia. Zwischen diesen Ringen sind Querverbindungen geschaffen bzw. noch im Aufbau, so daß ein weltweiter Austausch aller Beobachtungen gewährleistet ist. Wegen der Fülle des auszutauschenden Materials wird teilweise schon mit Telegraphiergeschwindigkeiten von 8000 Zeichen in der Minute gearbeitet.

Welche Wetterberichte stehen uns zur Verfügung

Wer den Nautischen Funkdienst studiert, findet, daß uns eine Fülle von Wetterberichten zur Verfügung steht. Sie nicht auszunutzen ist freventlicher Leichtsinn!

Gewiß, die Treffsicherheit der in diesen Berichten gegebenen *Vorhersagen* ist nicht immer 100 %, kann auch gar nicht so groß sein, wie uns die Unterhaltungen über das Wetter an den letzten Abenden gezeigt haben.

Aber der Bericht über die *Wetterlage* stimmt, und die sollen wir uns ansehen, aufzeichnen und auswerten, indem wir unsere eigenen Wetterbeobachtungen hinzunehmen.
Nehmen wir zunächst an, wir hätten nur ein Rundfunkgerät an Bord.

1. Welche Wetterberichte kommen über Rundfunk?

Der Deutschlandfunk sendet einen Seewetterbericht für

> Deutsche Bucht
> Südwestliche Nordsee
> Mittlere Nordsee
> Skagerrak
> Kattegat
> Westliche Ostsee
> Mittlere Ostsee

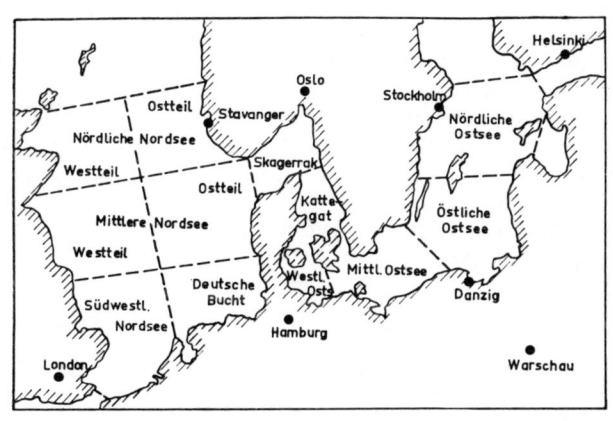

*Abbildung 73:
Vorhersage-
gebiete der
Seewetter-
berichte des
Rundfunks*

Der Bericht enthält Stationsmeldungen (Wind, Wetter, Luftdruck und Lufttemperatur) von Lista oder Stavanger, Aberdeen, Tynemouth, Yarmouth, Terschellingerbank-Feuerschiff, Borkumriff-Feuerschiff, Helgoland, Elbe-1-Feuerschiff, List, Skagen, Fornaes, Kopenhagen, Kalkgrund-Leuchtturm, Kiel-Leuchtturm, Fehmarnbelt-Feuerschiff, Warnemünde, Arkona, Due-Odde.

Der Bericht gliedert sich folgendermaßen:

Wetterlage
Vorhersage für 12 Stunden
Weitere Aussichten
Stationsmeldungen.

Zwischendurch (7.00, 8.00, 19.00) geben der Norddeutsche und Westdeutsche Rundfunk noch kurze Windvorhersagen für Deutsche Bucht, westliche und mittlere Ostsee im Anschluß an den Nachrichtendienst und den Inland-Wetterbericht.
Einen Segelsportwetterbericht gibt der Norddeutsche Rundfunk im 2. Programm in der Zeit vom 19.5. bis 5. 10. um 7.30 MEZ, 12.30 MEZ und 21.30 MEZ im Anschluß an die Nachrichtensendung für die Deutsche Bucht und die westliche Ostsee.
Die Sendetermine des deutschen Rundfunk-Seewetterberichtes liegen für den Segler nicht sehr glücklich. Aber wir können ja auch die Wetterberichte der Länder heranziehen, an deren Küsten wir segeln. Zum Teil wird auch, wie z. B. in Dänemark, dem Rundfunk mehr Zeit für Wetterberichte zur Verfügung gestellt. Sprachliche Schwierigkeiten wird es kaum geben. Studieren wir also die Sendeprogramme des Gastlandes und nutzen deren Wetterberichte aus!
Einen ähnlichen Seewetterbericht gibt der Rundfunk der DDR um 10.50 Uhr MEZ, 17.50 Uhr MEZ und 0.20 MEZ für

Skagerrak
Kattegat
Westliche Ostsee
Mittlere Ostsee
Boddengewässer Ost
Östliche Ostsee
Nördliche Ostsee
Deutsche Bucht
Südwestliche Nordsee
Doggerbank und die
Fanggründe der Hochseefischerei in der nördlichen Nordsee.

Ausführliche Darstellungen der Wetterlage kann man aber auch von ausländischen Rundfunksendern hören, wie z. B. in englischer Sprache vom BBC-London.

Für Ostsee-Segler sehr bequem liegt die ausführliche dänische Rundfunk-Wetteransage um 8.45 Uhr MEZ und die schwedische um 8.10 Uhr MEZ (im Anschluß an den Nachrichtendienst). Über die Stationen, deren Wetter gemeldet wird, und weitere Einzelheiten (Sendefrequenzen usw.) informieren wir uns in den Tageszeitungen des Hafens, in dem wir liegen, und im „Sprechfunk für die Küstenschiffahrt".

Die Wetterberichte werden nach Möglichkeit so langsam gesprochen, daß man mitschreiben kann, besonders wenn man Vordrucke benutzt und Abkürzungen anwendet.

Geeignete Vordrucke können billig beim einschlägigen Handel oder auch direkt vom Seewetteramt 4 Hamburg, Bernhard-Nocht-Straße 76, bezogen werden.

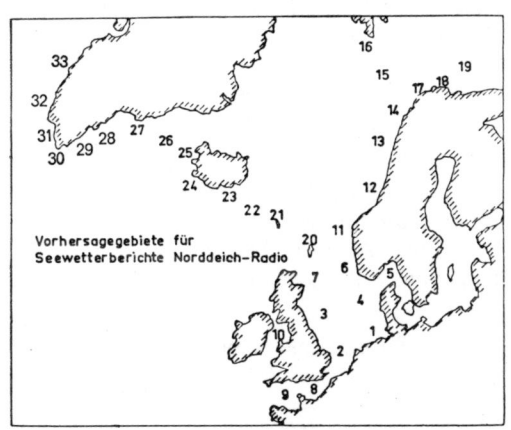

Abbildung 74: Vorhersagegebiete der Seewetterberichte der Küstenfunkstellen

2. Welche Wetterberichte kommen über Sprechfunk?

Haben wir einen geeigneten Empfänger für Sprechfunk an Bord und die Erlaubnis unserer Bundespost, ihn benutzen zu dürfen, so ergeben sich weitere Möglichkeiten, Seewetterberichte zu erhalten. Nebenbei bemerkt auch zu günstigen Zeiten!

Sprechfunk über Norddeich Radio (Rufzeichen DAN, DAM)

Um 9.10 Uhr und um 21.10 Uhr MEZ gibt Norddeich Radio einen *Wetterbericht*, der folgenden Inhalt hat:

Teil I: Hinweise auf Starkwind- oder Sturmgefahr in der Nordsee und Stationsmeldungen aus der Deutschen Bucht.
Teil II: Wetterlage und deren Entwicklung für Nordatlantik und Vorhersagegebiete (siehe Karte Abbildung 74).
Teil III: Vorhersage für 12 Stunden und Aussichten für weitere 12 Stunden.

Vorher um 9.00 Uhr und 21.00 Uhr MEZ Wetterbericht nur für die Deutsche Bucht in englischer Sprache.
Entsprechend gibt die Küstenfunkstelle Kiel Radio (DAO ist ihr Rufzeichen) um 9.40 Uhr und 21.40 Uhr einen

Wetterbericht Ostsee

Er besteht aus folgenden Teilen:

Teil I: Hinweise auf Starkwind- oder Sturmgefahr, Stationsmeldungen.
Teil II: Wetterlage und deren Entwicklung für die Ostsee.
Teil III: Vorhersage für 12 Stunden und Aussicht für weitere 12 Stunden für die Vorhersagegebiete Skagerrak, Kattegat, westliche, mittlere, östliche und nördliche Ostsee.

Auch Rügen Radio (DHS) gibt über Sprechfunk einen Wetterbericht für die westliche und mittlere Ostsee zur Sendezeit 9.10 Uhr und 21.10 Uhr MEZ.
Für den Hochseesegler, der in den Atlantik vorstoßen will, aber natürlich auch für jeden anderen meteorologisch interessierten Segler, wäre der Telegraphie- *Ozeanwetterbericht* von Norddeich Radio wichtig, denn er gibt auch die Lage der wichtigsten Fronten und Isobaren über dem Atlantik. Aber im allgemeinen wird der Sportsegler keinen geeigneten Empfänger zur Verfügung haben.

Die Angaben über diese Wetterberichte, insbesondere über die Sendezeiten, geben den Stand von 1975 an. Sie können sich leicht ändern!

Bitte immer die Nachträge zum „Sprechfunk für Küstenschiffahrt" beachten!
Das Deutsche Hydrographische Institut gibt unter Nr. 2158 neuerdings eine gute Zusammenstellung auf haltbarer Pappe heraus, die alle für uns wichtigen Nachrichtenquellen enthält und in jedem Jahr neu herauskommt:

„Wetter- und Warnfunk. Sonderausgabe für Sportfahrzeuge und andere nichtausrüstungspflichtige Fahrzeuge. Verbreitung von Wetterberichten und nautischen Warnnachrichten für Nord- und Ostsee durch deutsche, dänische, norwegische und schwedische Rundfunksender sowie durch die Küstenfunkstellen Norddeich-, Kiel- und Rügen-Radio."

3. Wetterbericht über Fernsprecher

Für Hamburg und die Unterelbe können wir laufend Auskünfte über das Wetter erhalten durch den *Fernsprechansagedienst.* Unter der Rufnummer 1164 werden ununterbrochen Wind- und Wettermeldungen von Sylt, Helgoland, Feuerschiff Elbe I, Cuxhaven, Bremen, Schleswig, Kiel, Lübeck, Hannover und Hamburg (Hafen) gegeben, die alle drei Stunden auf den neuesten Stand gebracht werden. Der Rufnummer muß natürlich die Ortskennzahl von Hamburg vorangestellt werden.
Auch in anderen Häfen der Küste können wir telephonisch Wetterauskünfte von den zuständigen Wetterämtern erhalten.

4. Wetterbericht durch Aushang

Die Nord- und Ostsee-Wetterberichte werden in den Hafendienststellen durch Anschlag bekanntgemacht. Diese Anschläge fallen uns leicht auf, da sie einheitliche *blaue* Vordrucke verwenden.

Sturmwarnung

In allen Ländern gibt der Wetterdienst Wind- oder Sturmwarnungen, wenn der Schiffahrt durch länger wehende Stürme Gefahr droht. Diese Warnungen gelten vor allem der Küstenschiffahrt und Fischerei, aber auch für den Segler, und sollten sorgfältig beobachtet und ausgenutzt werden.

Die Warnungen gehen als nautische Warnmeldungen über Funk an alle Schiffe und telegraphisch an bestimmte *Sturmwarnstellen,* welche den Text der Warnung auf *rotgeränderten* Vordrucken aushängen oder entsprechende Signale an einem gut sichtbaren Mast setzen. Wo diese Sturmwarnstellen liegen, ersieht man aus den Nautischen Büchern (Seehandbuch und Verzeichnis der Leuchtfeuer und Signalstellen [Feuerbuch]).

Sind nach der Wetterlage Winde der Stärke 6—7 zu erwarten, gibt es eine *Starkwindwarnung,* bei Winden von der Windstärke 8 und darüber eine *Sturmwarnung.*

Als optisches Signal für Windwarnungen wird bei Tage ein schwarzer Ball aus Korbgeflecht, nachts ein weißes über einem grünen Licht gesetzt.

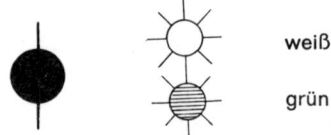

weiß

grün

Bei drohenden Stürmen wird, wenn möglich, durch das Signal auch die Richtung gegeben, aus welcher der Wind wehen wird, wobei in der folgenden Zusammenstellung zwar eine Richtung, z. B. NW angegeben wird, aber der ganze Viertelkreis von N bis W gemeint ist.

Man verwendet bei Tage schwarze Kegel, nachts rote und weiße Lichter nach folgendem System:

Sturm aus NW:

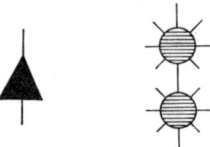

Sturm aus NO:

 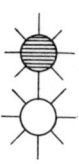

Merke:

Tags: Bei *nördlichen* Richtungen Spitzen der Kegel *nach oben!*
Nachts: Bei *nördlichen* Richtungen *Rot oben!*

Sturm aus SW:

 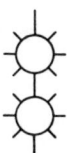

Sturm aus SO:

 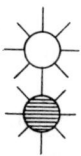

Merke:

Tags: Bei *südlichen* Richtungen Spitzen der Kegel *nach unten!*
Nachts: Bei *südlichen* Richtungen *Rot unten!*
Durch rote Flaggen kann zusätzlich der Drehsinn angegeben werden.
Es bedeutet dann

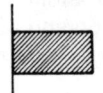 *Ausschießen*
(Rechtsdrehen,
N O S W)

133

Krimpen
(Zurückdrehen,
N W S O).

Geht das beschriebene Signal hoch, so heißt das, daß innerhalb der
nächsten 6 Stunden mit dem angekündigten „Starkwind" oder Sturm zu
rechnen ist.
Natürlich gilt das Signal nicht für alle Küsten, sondern nur für den „Warn-
bezirk", in dem der betreffende Hafen liegt!
Die Sturmwarnstellen, die von der Bundesrepublik Deutschland unterhalten werden, sind in folgende „Gruppen" eingeteilt:

Warngruppe	Gültigkeits-Bereich
5	Westliche Ostsee (Travemünde bis Flensburg)
6	Westküste Schleswig-Holstein (List bis Büsum)
7	Seegebiet Helgoland und Unterelbe
8	Oldenburgisch-Ostfriesische Küste, einschließlich Unterweser

Z. B. umfaßt die Gruppe 6 die Sturmwarnstellen List, Wyk auf Föhr, Am-
rum, Pellworm, Husum, Westerhever, Tönning, Süderhöft und Büsum.
Alle diese Warnstellen geben vollständige Tag- und Nachtsignale, wie sie
oben geschildert sind.

Die Warnungen gelten für die Küste und das vorgelagerte Seegebiet bis zu 60 Seemeilen seewärts.

Die Warnbezirke 1—4 liegen in der DDR und werden von der Seewetterdienststelle Warnemünde gewarnt.

Sturmwarnsignale geben: Ahlbeck, Ückermünde, Karnin, Koserov, Kröslin, Wolgast, Greifswalder Oie, Vierow, Greifswald Wieck, Greifswald, Stahlbrode, Thiessow, Göhren, Saßnitz, Arkona, Dornbusch, Barhöft, Stralsund, Meiningen-Brücke, Darsser Ort, Wustrow, Rostock, Warnemünde, Buk, Timmendorf und Wismar.

Alle Sturmwarnstellen einer Warngruppe erhalten gleichlautende Warnung.

Wird das Signal niedergeholt, heißt das: Gefahr vorüber. Der eventuell noch herrschende Starkwind oder Sturm wird bald, jedenfalls innerhalb der nächsten 6 Stunden abflauen.

Es empfiehlt sich, die Signalstelle weiter zu beobachten, denn es kann durchaus vorkommen, daß das Signal nach einigen Stunden wieder gesetzt wird, weil die Wetterlage noch zu unsicher ist. Also Vorsicht! Erst auslaufen, wenn das Wetter sicher geworden ist!

Über die Sturmwarndienste außerdeutscher Länder findet man die notwendigen Angaben in den entsprechenden Seehandbüchern, Leuchtfeuerverzeichnissen und im Nautischen Funkdienst.

Sturmwarnung durch Funk

Wind- und Sturmwarnungen werden auch funktelegraphisch und funktelephonisch verbreitet.

Warnungen werden ausgegeben für die folgenden Seegebiete:

1 Deutsche Bucht
2 Südwestliche Nordsee
3 Mittlere Nordsee, Westteil
4 Mittlere Nordsee, Ostteil
5 Skagerrak
6 Nördliche Nordsee, Ostteil
7 Nördliche Nordsee, Westteil
Vergl. Karte Abb. 73 auf Seite 127.

und für den Bereich Ostsee für die folgenden Seegebiete:

1 Skagerrak
2 Kattegat
3 Westliche Ostsee
4 Mittlere Ostsee
5 Östliche Ostsee
6 Nördliche Ostsee
Vergl. Karte Abb. 73 auf Seite 127.

Diese Warnnachrichten verbreitet das Seewetteramt in Hamburg über
Norddeich Radio für Nordsee und Skagerrak
Kiel Radio für Skagerrak, Kattegat, westliche, mittlere und nörd-
liche Ostsee.

Nähere Angaben finden wir im Nautischen Funkdienst und der für uns
Nord- und Ostsee-Fahrer zusammengestellten Auswahl „Sprechfunk für
Küstenschiffahrt".

Semaphore

In Cuxhaven auf der Alten Liebe beobachten wir einen besonderen
Windanzeiger (Semaphor), der dem auslaufenden Schiff anzeigt, welche
Winde im Seegebiet um das Borkumriff-Feuerschiff (B) und im Seegebiet
um Helgoland (H) zu erwarten sind.

Abbildung 75: Semaphor

Wir sehen am Topp des Signalmastes Flügel, die waagerecht gestellt werden können.

Jeder waagerecht gestellte Flügel meldet 2 Beaufortstärken. Bei Windstille sind die Flügel gesenkt, ein Flügel allein bedeutet 1—2 Beaufort, zwei Flügel 3—4 usw.

An den zwei Kreisen zeigen zwei drehbare Zeiger die Windrichtung an, und zwar von zwei zu zwei Strich. Der Windrichtungsanzeiger wird so eingestellt, daß ein stromabwärts fahrendes Boot Ost rechts und West links erblickt.

In der Abbildung 75 meldet der Windanzeiger demnach:

> Im Seegebiet um Borkum: NNW 5 oder 6
> Im Seegebiet um Helgoland: NW 7 oder 8

Normalerweise werden die Windanzeiger nach Sonnenaufgang und zum zweiten Mal am Tage um 12 Uhr MEZ gestellt.

Ändert sich der Wind, werden die Anzeigen auch außerhalb dieser Termine berichtigt.

Liegen Störungen vor, kann also der Wind nicht richtig gezeigt werden, werden das oberste Flügelpaar 45° nach unten, die anderen ganz gesenkt und die Richtungsanzeiger auf Süd gestellt.

Will man derartige Windnachrichten nachts haben, werden sie auf Anforderung durch Lichtmorsezeichen gegeben.

Eiswarndienst

Es sei zur Ergänzung erwähnt, daß selbstverständlich auch ein *Eis*meldedienst aufgezogen ist und regelmäßig Eisberichte und eventuell Eiswarnungen für alle gefährdeten Gebiete ausgegeben werden. Die Eisberichte beschreiben das vorhandene Eis und geben an, wieweit die Schiffahrt dadurch behindert wird.

Die Wetterkarte des Seewetteramtes

Täglich bringt das Seewetteramt Hamburg seine „Wetterkarte" heraus, die man durch die Post billig beziehen kann.

In dieser Karte sind die Wetterverhältnisse, d. h. Hochs, Tiefs, Fronten, Isobaren, Niederschlagsgebiete, Luftmassen, Wettermeldungen besonders interessanter Stationen dargestellt für einen Raum, der den Nordatlantik, das westliche Mittelmeer, Nord- und Ostsee und die nordischen Fischereigebiete umfaßt. Die Karte stellt den Wetterzustand von 01 Uhr dar.

Als Text gibt sie eine kurze Schilderung der Wetterlage und Wetterentwicklung im Großen sowie eine Wettervorhersage für Nordwestdeutschland und das angrenzende Seegebiet für zwei Tage.

Da der ganze Nordatlantik bis zum Eingang der Karibischen See dargestellt ist, kann durch tägliches Studium der Karten sehr schön das Wandern und Sich-wandeln der Zyklonen beobachtet werden, wie es auf Seite 109 theoretisch dargestellt wurde.

Wer das tut, wird dann auch mit mehr Sicherheit voraussagen können, wo das Tief am kommenden Tag liegen wird und so eine Wettervorhersage versuchen können.

Links unten ist eine kleine *Höhenwetterkarte* beigefügt (vergleiche Abbildung 76).

Auf der Vorderseite findet man allgemein interessierende Aufsätze über wetterkundliche Themen, in denen führende Meteorologen dem Laien in

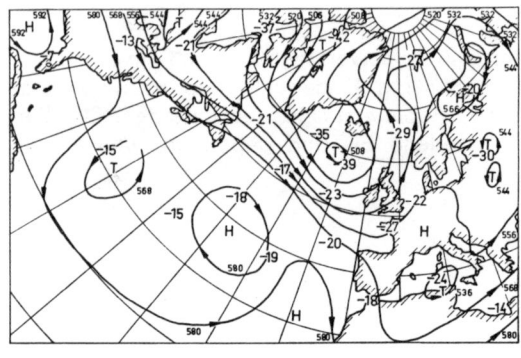

Abbildung 76: Höhen-wetterkarte

geschickter Darstellung die Probleme der Wettervorhersage, aktuelle Wetter-Ereignisse oder Ergebnisse der Forschung näherbringen. Auf der Rückseite werden Wetterbeobachtungen ausgewählter Beobachtungsstellen zusammengestellt. Für die Erstellung einer Wetterkarte werden die Meldungen von über 700 Beobachtungsstationen ausgewertet. Eine Sonderausgabe dieser täglichen Wetterkarte ist die *Wetterkarte für den Hamburger Hafen.*

Höhenwetterkarte

Das Wetter unseres Ortes wird natürlich beeinflußt und eventuell gestaltet von der *ganzen* Troposphäre, d. h. auch von der Höhenwetterlage, die regelmäßig durch Radiosonden (siehe Seite 122) beobachtet wird. Aus der Verteilung der H und T in größeren Höhen und ihrer Verlagerung zieht der Meteorologe entscheidende Schlüsse. Für uns Wetterverbraucher auf See, am Boden des Luftozeans, steht dies Material aber nicht zur Verfügung, wir geben daher an dieser Stelle nur einen kurzen Hinweis zum Verständnis der Höhenwetterkarte des täglichen Wetterberichtes. Am besten liest man diese Höhenwetterkarte wie eine Gebirgswanderkarte mit Höhenschichtlinien (Isohypsen). Es ist die Höhenlage derjenigen Fläche dargestellt, in der 500 mb Luftdruck herrscht, und zwar durch Höhenschichtlinien, die in Dekametern benannt sind und in Abständen von 12 zu 12 Dekametern (1 Dekameter = 10 m) gezeichnet werden. In dem Beispiel der Abbildung 76 herrscht südlich Island ein Luftdruck von 500 mb in einer Höhe von 508 Dekametern = 5080 Metern, über den Azoren herrscht derselbe Luftdruck erst in der Höhe von 580 Dekametern, d. h. 5800 Metern. In diesen Höhen wehen die Winde, die am Erdboden ja (siehe Seite 77) zum Tief hinwehen, d. h. die Isobaren unter einem Winkel schneiden, schon parallel zu den Isobaren. Pfeilspitzen an den Isohypsen geben in unseren Höhenwetterkarten die Windrichtung an. Da auch die Temperatur der Luftmassen entscheidend wichtig für die Weiterentwicklung des Wetters sein kann, sind auch Temperaturen angegeben. In dem T unserer Abbildung südlich Island herrschte in 5 Kilometern Höhe der Luftdruck 500 mb und die Lufttemperatur von —39° C.

Monatskarte und Seehandbuch

Wer seine Fahrt sorgfältig vorbereiten will, sollte sich lange vorher mit den *mittleren* Wetterverhältnissen des Fahrtgebietes beschäftigen, in das die Segelfahrt gehen soll.

Dieser mittlere Zustand, von den Wetterforschungsanstalten aus langen Beobachtungsserien abgeleitet, steht uns zur Verfügung in Form von Abschnitten der Seehandbücher, Monatskarten, Klima-Atlanten usw.

Jedes *Seehandbuch* behandelt in einem besonderen Abschnitt die Wetterverhältnisse des dargestellten Gebietes. Lufttemperatur, Luftdruck, Wind, Stürme, Nebelgefahr, Bewölkung, Niederschläge und Gewitter werden behandelt und typische Wetterlagen geschildert.

Von besonderem Nutzen aber wird uns das Studium der *Monatskarten* sein, besonders wenn wir auf große Fahrt gehen wollen. Solche Monatskarten werden in Deutschland vom Deutschen Hydrographischen Institut Hamburg z. B. für den Nord-Atlantik für jeden Monat herausgegeben.

In diesen Karten finden wir Windrosen (siehe Seite 30) für jedes Feld (etwa 5°x5°), ferner Strömungsangaben, Eisgrenzen, Nebelgebiete, besondere Schiffahrtshindernisse eingetragen. Auf den Rückseiten dieser Karten werden interessante und wichtige wetter- oder meereskundliche Daten gegeben, Wetterbeispiele geschildert oder Anregungen für die meteorologische Navigation gegeben.

Auch andere Länder geben solche Karten heraus (Pilot charts des Hydrographic Office der USA).

V. Wie nutze ich diese Hilfsmittel aus?

(Meteorologische Navigation)

Reiseplanung

In der Berufsschiffahrt spricht man von *meteorologischer* Navigation, wenn man günstige Wetterlagen aufsucht oder ungünstige zu meiden versucht, um die Reise möglichst zu beschleunigen und dabei Schiff, Ladung und Besatzung zu schonen.

Natürlich ist man dabei an Grenzen gebunden durch die Art der Ladung, die Eigenschaften des Schiffes, das Reiseziel und den Aktionsradius des Schiffes. Es sind aber doch sehr gute Erfolge durch eine geschickte meteorologische Navigation erzielt. Das berühmteste Beispiel ist dabei wohl der „Weg für schwache Dampfer" im Nordatlantik. Im Winter ist der Nordatlantik der sturmgefährdetste aller Ozeane. Während selbst die Schnelldampfer auf dem Wege nach Amerika Verspätungen von Tagen haben können, würden schwache Dampfer ihr Ziel gegen die Wucht der Elemente überhaupt nicht erreichen können, wenn sie nicht so weit nach Süden hielten, daß sie in die Sturmgebiete nicht mehr hineinkommen. Das heißt, sie müssen bis auf 30° Breite nach Süden laufen, um auf dieser Breite westwärts zu fahren, ein Umweg, der über 1000 Seemeilen beträgt, aber das Schiff sicher und ohne zu starke Belastung ans Ziel führt. Wie viel mehr muß der Segler meteorologisch navigieren, der zwar nicht in diesem Maße an ein Ziel und eine Route gebunden ist, aber andererseits durch die Größe beziehungsweise Kleinheit seines Untersatzes und die Segeleigenschaften seines Bootes viel weitgehendere Beschränkungen sich auferlegen muß als der Dampfer mit seinen Hunderten bzw. Tausenden von Pferdestärken!

Man unterscheidet zwischen Klima-, Witterungs- und Wetternavigation. Das soll heißen: Plant man seine Reise, so wird man zunächst das *Klima*

141

des zu befahrenden Gebietes kennen müssen, das heißt die *mittleren* Wind- und Wetterverhältnisse. Hilfsmittel für dies Sudium, das jeder Reise vorhergehen sollte, sind die Monatskarten, Klima-Atlanten und Seehandbuchabschnitte, welche das zu besegelnde Gebiet darstellen. Wir haben bereits besprochen, wie in den Monatskarten die Windverhältnisse durch Windrosen dargestellt werden. Findet man darin für sein geplantes Segelgebiet und für seinen Reisemonat, daß 75 % der Winde gegenan wehen würden, dann sollte man sich doch überlegen, ob man seinen Weg auch anders legen kann, um günstigere Verhältnisse zu treffen. Sicher, man kann auf diesem Weg auf seiner Reise günstige Winde

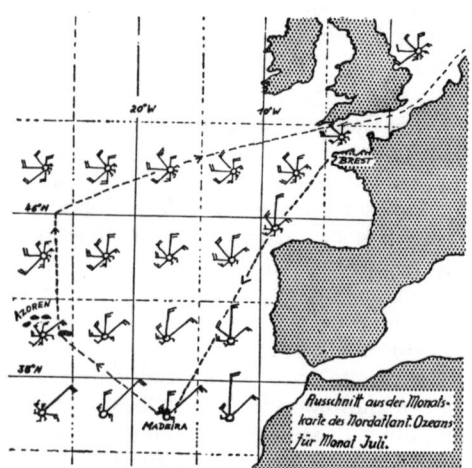

Abbildung 77: Monatskarte, welche für die Planung der „Senta"-Reise (- - - -) grundlegend war

treffen, aber die Wahrscheinlichkeit des Gegenanboxenmüssens ist doch recht groß. Ein sehr schönes Beispiel solcher Reiseplanung, solcher *Klima-Navigation* also, hat R. Koppenhagen in der Nr. 18 der Zeitschrift DIE YACHT von 1954 beschrieben („21 Tage Backstagbrise").

Die Abbildung 77 gibt einen Ausschnitt der Monatskarte für Juli, die für die Planung der Reise der „Senta" rund um das Azorenhoch maßgebend war.

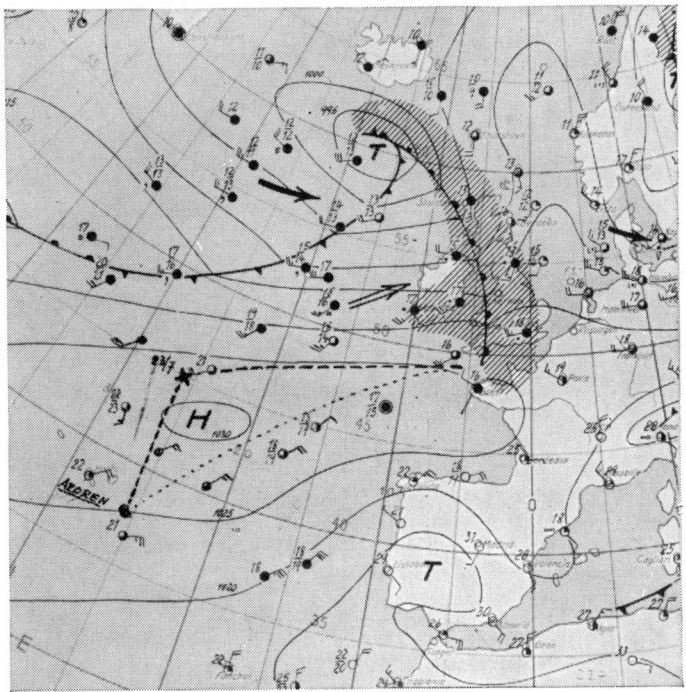

Abbildung 78: Wetterlage am 23. Juli 1954. Position der „Senta" durch Kreuz gekennzeichnet. ――――gesegelter Weg. · · · ·direkter Weg Azoren-Kanal

Nachdem man sich über die mittleren Verhältnisse orientiert hat, muß man natürlich die Wetterentwicklung des Jahres studieren, die wirklich herrschende Großwetterlage kennen, sich um die *Witterung* kümmern, die Wind- und Wetterverhältnisse zu erforschen suchen, die in den Reisetagen dieses Jahr herrschen werden. Sie können von den mittleren sehr stark abweichen. Hilfsmittel für diese Feststellungen, die eventuell große Umdispositionen erfordern können, sind die Wetterkarten der letzten Wochen, aus denen man entnehmen muß, welche typische Wetterlage und Wetterentwicklung sich abzeichnet. Leider gibt es noch keine zu-

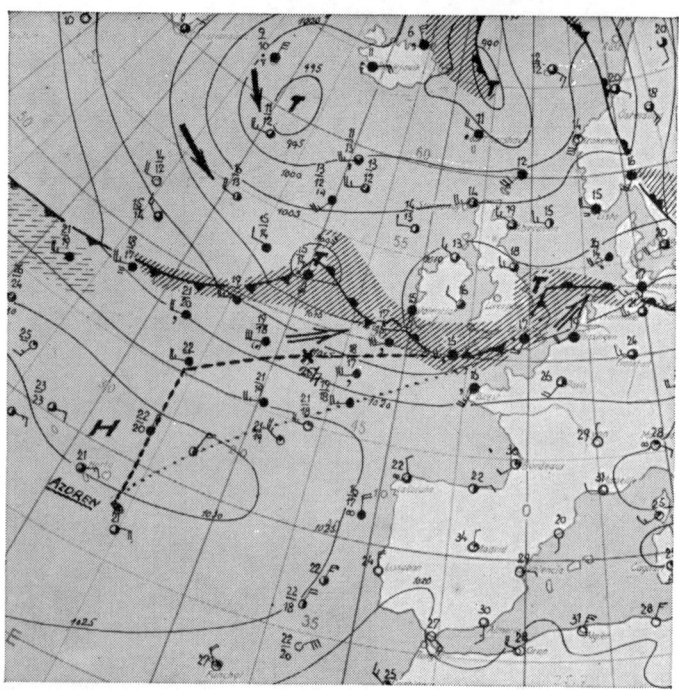

Abbildung 79: Wetterlage vom 25. Juli 1954. Position der „Senta" durch Kreuz gekennzeichnet

verlässige Mittelfristwettervorhersage. Man muß schon selbst die Wetterkarten auswerten oder das Seewetteramt um seinen Rat bitten. Wer nach der augenblicklichen Witterungslage seine Entschlüsse faßt, hat *Witterungsnavigation* betrieben.

Und dann ist er draußen. Nun muß er das *Wetter,* das ihn umgibt, hinnehmen und seine Entschlüsse danach fassen. Er muß aus den vorhandenen meteorologischen Verhältnissen die richtigen Schlüsse ziehen und die Beobachtungen, die er selbst macht, richtig mit den Angaben der Wetterberichte und der eventuell selbst gezeichneten Wetterkarte kombinieren. Wenn er dann z. B. nach Beobachtung der Wetteranzeichen seinen Kurs ändert, hat er *Wetternavigation* getrieben.

★

Nachdem wir die Gesetze, nach denen das Wetter abrollt, studiert haben, und wissen, welche Hilfsmittel uns außerdem zur Verfügung stehen, wollen wir nun noch erörtern, wie wir aus den eigenen Wetterbeobachtungen Vorhersagen gewinnen können, wie wir uns eine Wetterkarte oder wenigstens eine Wetterskizze nach den aufgenommenen Wetterberichten anfertigen können und wie wir Vorhersagen aus diesen Wetterkarten gewinnen können.

Wettervorhersage nach eigenen Beobachtungen

Wer Wind, Wetter und Wolken, Luftdruck, Temperaturen und Feuchte selbst sorgfältig beobachtet, wird auch ohne Zeichnen und Aufnehmen von Wetterberichten und Wetterkarten wertvolle Voraussagen über die Entwicklung des Wetters machen können, besonders wenn er sich lange darum bemühte, Erfahrungen in dieser Richtung zu sammeln.

Im folgenden sind eine Reihe derartiger Regeln zusammengestellt. Ihre Begründung findet man in vielen Fällen in den Ergebnissen unserer mehr theoretischen Abschnitte. Sie gelten für unsere Breiten.

1. Das Barometer als Wetterprophet

Barometer und Barograph sind die zuverlässigsten Helfer für unsere Aufgaben.

Bleibt der Luftdruck gleich, bleibt das Wetter beständig. Jede stärkere Änderung des Luftdrucks kündet eine Änderung der Wetterlage an.

Steigt der Luftdruck langsam, aber stetig, so naht ein Hochdruckgebiet und damit eine Periode schönen Wetters.

Fällt der Luftdruck langsam, aber stetig, so naht ein Tiefdruckgebiet und damit schlechtes Wetter.

Je schneller der Luftdruck fällt, desto schneller wird sich das Wetter verschlechtern.

Fällt der Luftdruck um mehr als 1 Millibar in der Stunde, gibt es Sturm. Natürlich wird man dies noch besser beurteilen können, wenn man die genauere Art der Änderung des Luftdrucks an einer Barographenkurve studieren kann.

Ist die Kurve voll, d. h. nach oben gekrümmt, wird also das Fallen des Luftdrucks mit der Zeit stärker, rechne man mit Sturm. Ist sie nach unten gekrümmt, wird das stündliche Fallen des Luftdrucks kleiner, so bleibt man offenbar am Rande des Tiefs und hat erträgliches Wetter.

Man muß allerdings bei schneller fahrenden Booten (Motor-Yachten) bedenken, daß der Grad des Fallens oder Steigens des Luftdrucks, wie ihn das „Barogramm" darstellt, eventuell verfälscht wird durch Kurs und Fahrt des Schiffes! Fährt ein Boot z. B. in ein Tief hinein, so wird ein zu schnelles Fallen des Luftdruckes beobachtet werden.

2. Achte auf die Lufttemperaturen!

Nicht umsonst haben wir geschildert, wie sorgfältig man vorgehen muß, um genaue Temperaturwerte zu erhalten.

Man beobachte, wie die Lufttemperatur im Laufe des Tages sich ändert. Verläuft sie regelmäßig wie im Muster der Abbildung 31, d. h. steigt sie vom Minimum kurz vor Sonnenaufgang bis zum Maximum nach Mittag, bedeutet das gutes Wetter. Sinkt die Temperatur stark ab, bedeutet das im Sommer schlechtes, im Winter gutes Wetter.

Steigt die Temperatur stark an, so bedeutet das im Sommer gutes, im Winter schlechtes Wetter.

3. Was sagt der Wind?

Bei schönem, beständigem Wetter wird der Wind von Morgen bis Mittag zunehmen, gegen Abend abflauen.

Nimmt der Wind gegen Abend zu, ist viel Wind und Niederschlag zu erwarten.

Treten an der Küste regelmäßig Land- und Seewinde auf, bedeutet das gutes Wetter. Jede Störung ist verdächtig, deutet auf Wetteränderung.

Auch wenn der Wind, der lange aus derselben Richtung wehte, zu drehen beginnt, müssen wir mit Schlechtwetter rechnen.

4. Vieles verraten die Wolken und ihr Zug

Wir haben bei der Besprechung der Wolken schon gesagt, daß sie nicht ausdruckslose Verzierungen oder Verunzierungen des Himmelgewölbes sind, sondern man müsse sie beobachten als Verräter. Sie zeigen uns die Luftströmungen an, die wir ja kennen müssen, um die Weiterentwicklung des Wetters vorhersagen zu können.

Es gelten da folgende Regeln:

Jede Abweichung vom täglichen Gang der Bewölkung, die am Nachmittag am stärksten ist und gegen Abend abnimmt, muß uns verdächtig sein.

Also: Zunehmen der Bewölkung am Abend, Abnehmen der Haufenwolken am Tage sind verdächtig.

Nimmt die Bewölkung im ganzen gesehen ab, kommen wir unter den Einfluß eines Hochdruckgebietes.

Nimmt die Bewölkung im ganzen gesehen zu, so kommen wir unter den Einfluß eines Tiefdruckgebietes.

Wenn wir auch die Form und Höhe der Wolken beobachten, gelten folgende Regeln:

Vereinzelte, flache und niedrige Haufenwolken am blauen Himmel, die gegen Abend verschwinden, treten bei schönem, beständigem Wetter auf. Eine Stratocumulusdecke deutet auf ruhiges Wetter.
Beobachtet man Wolken in mehreren Schichten und Höhen, so wird das Wetter veränderlich bleiben, wahrscheinlich sich verschlechtern.
Ungeordnete Cirruswolken haben keine Wetterbedeutung.
Wenn aber aus dem Westen schnell zunehmende hohe (Cirrus-) Wolken aufziehen, besonders wenn sie die Form von Windwolken (Schlittenkufen) haben, kündet sich das Nahen einer Zyklone an (siehe Seite 108). Je schneller sie aufziehen, desto eher geht's los mit dem schlechten Wetter. Verdichten sich die Wolken dann zu grauen Schichten (Altostratus), durch die man die Sonne nur noch als Aufhellung erkennt, nähert sich die Warmfront, Regen ist zu erwarten.
Treten mittelhohe Wolken nur in einzelnen, lockeren Bänken, als Schäfchenwolken auf, bedeutet das gutes Wetter.
Stark aufquellende Wolkentürme künden Böen und Gewitter. Bilden sich um die Türme „Kappen" aus Cirrostratus, so ist das ein sicheres Gewitteranzeichen.

5. Auch die Feuchte der Luft ist entscheidend

Tritt nach heißen Tagen starker Tau ein, bedeutet das Schönwetter. Fehlt er, ist Regen in Sicht.
Werden Morgen-Nebel durch die steigende Sonne aufgelöst, wird das Wetter gut.
Weicht der Nebel nicht, ist regnerisches Wetter zu erwarten.
Dunst kann ein erstes Anzeichen der Verschlechterung des Wetter sein.

6. Andere Erscheinungen, auf die wir achten

Starkes Abendrot bedeutet Gutwetter, starkes Morgenrot schlechtes Wetter.
„Wasserziehen" der Sonne, Ringe und Höfe um Sonne und Mond, starkes Flimmern und Funkeln der Sterne, Halo's bedeuten schlechtes Wetter.

Geht die Sonne blendend hell mit rötlichem Schimmer auf und verschwindet dann bald in den Wolken, so gibt es Regen und Wind.

Verschwindet die Sonne leuchtend und klar in der Kimm oder hinter Haufenwolken mit leuchtenden Wolkenrändern, wird das Wetter gut.

Nichts Gutes bedeutet es dagegen, wenn sie in dunklen, schwarzen Wolken verschwindet: es wird Regen geben.

Schlechtes Wetter bedeutet es auch, wenn die Sonne in schwefelgelbgrünen, grellen Farben untergeht.

Auch der Mond kann uns raten! Bei gutem Wetter scheint er silbrig, ist scharf umrändert. Sieht er bleich aus, kündet er Regen.

Stehen am klaren Himmel nur wenige Sterne, sollte man mit Wind und Niederschlägen rechnen.

Wetterkartenskizze nach Seewetterbericht

Die in den Seewetterberichten dargestellte Wetterlage sollte man in einer Skizze aufzuzeichnen suchen. Vordrucke kann man vom Seewetteramt oder Nautischen Handlungen beziehen.

Der Wetterbericht gibt die Lage der Hoch- und Tiefdruckgebiete mit Luftdruckwert und Fronten im Klartext. Auch Ausläufer, Keile, Zungen usw. werden angegeben. Zwischen-Isobaren muß man selbst zeichnen.

Isobaren werden in den deutschen Wetterkarten von 5 zu 5 mb gezeichnet.

Man beachte dabei folgende Regeln:

Die Isobaren sind großzügige, glatte Linien, die nur an den Fronten Knicke haben. Der Knick weist vom Tief weg.

Isobaren können sich niemals berühren, schneiden oder gabeln.

Isobaren sind in gleichen Abständen zu zeichnen. Zum Kern des Tiefs hin kann man sie dichter werden lassen.

Man darf nie eine Isobare auslassen oder Zwischen-Isobaren einschalten, denn aus der Dichte der Isobaren wollen wir auf die zu erwartende Windstärke schließen.

Man muß zwischen zwei gegebenen Luftdruckwerten proportional einschalten.

Beispiel: Ist ein Hoch mit 1020 mb und ein Tief mit 995 mb gegeben, müssen die Isobaren 1015, 1010, 1005, 1000 zwischengezeichnet werden.

Man verbindet H und T, teilt die Strecke in 5 gleiche Teile und legt durch die Teilungspunkte die Isobaren. Die Isobaren unter 1005 werden um das Tief herum, die über 1005 um das Hoch herum gekrümmt.

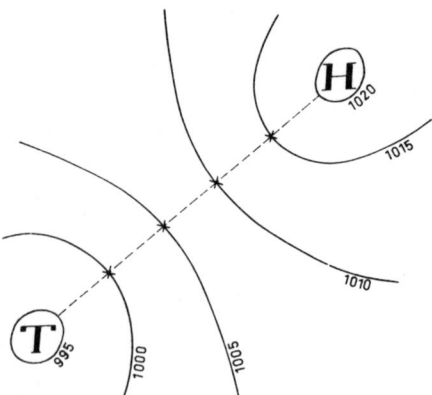

Abbildung 80: Zeichnen von Zwischen-Isobaren

Sehr viel besser können die Isobaren gezeichnet werden, wenn Stations- oder Schiffsmeldungen bekannt sind. Isobaren laufen fast parallel zur Windrichtung. In der Abbildung 81 liegt das Tief über der Isobare, und der Wind bildet einen Winkel von etwa 15° mit ihr.

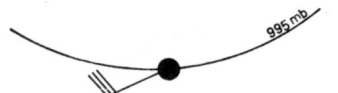

Abbildung 81: Isobare und Windrichtung

Fronten werden farbig eingezeichnet oder mit den Symbolen der Abbildung 82.

Fronten sind nie geschlossene Linien! Sie enden meistens im Tiefdruck-kern.

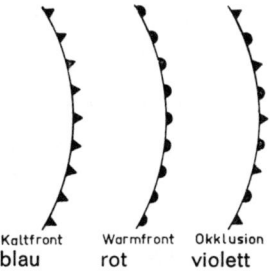

Kaltfront   Warmfront   Okklusion
blau   **rot**   **violett**

Abbildung 82: Bezeichnung von Fronten

Nähere Anweisungen und Ratschläge findet man im Teil III des Nauti-schen Funkdienstes und den einschlägigen Werken, die auf Seite 158 vorgeschlagen sind.
Ich gebe ein Beispiel eines Seewetterberichtes und die danach ge-machte Skizze.

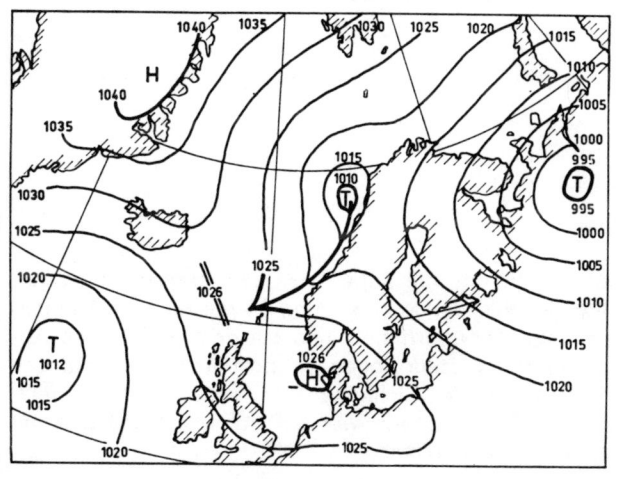

Abbildung 83: Wetterkarten-skizze nach einem Seewetter-bericht

Hoch 1040 Ostgrönland südwärts ausbreitend mit Brücke 1026 zum Hoch 1030 Südwestausgang Skagerrak abschwächend. Hochkeil 1025 bis Polen. Tief 1010 Lofoten mit Ausläufer 1025 nördlich Shetlands langsam südostziehend. Tief 1012 55 Nord 27 West wenig ortsverändernd. Tief 995 64 Nord 50 Ost auffüllend südostziehend.

Wie tragen wir unsere Wetterschilderung in die Wetterkarte ein?

Sammeln wir noch einmal, was wir über das Eintragen einer Wetterschilderung in eine Wetterkarte schon festgestellt haben! Wir gaben die Zeichen für Winde auf Seite 29, für Wetter auf Seite 123 und für Himmelsbedeckung auf Seite 41.
Ein Beispiel: Es herrscht NNW-Wind Stärke 7, Luftdruck 996,4 mb, Lufttemperatur +7° C. Ganz bedeckt. Regenschauer.
Wir zeichnen ein:

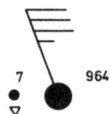

Ausführliche Anweisungen finden wir dafür im Nautischen Funkdienst Teil III Wetterfunk.

Wetterkartenschreiber

Die moderne Technik nimmt uns die Arbeit des Wetterkartenzeichnens ab. Wetterkartenschreiber, wie der in Abbildung 84 dargestellte Hellfax-Wetterkartenschreiber BS 114, übermitteln uns ein originalgetreues Abbild der im Seewetteramt von Meteorologen gezeichneten Karte. Für den Yachtsegler ist wichtig, daß die Möglichkeiten der Transistoren voll ausgenutzt sind, so daß der Schreiber nur wenig Platz wegnimmt und mit geringer elektrischer Energie auskommt.

Die mit einem Hellfax-Wetterkartenschreiber BS 114 aufgezeichneten Wetterkarten sind 46 cm breit und 56 cm lang. Je nach Drehzahl und Aufzeichnungsfeinheit dauert die Aufzeichnung einer Wetterkarte zwischen 5 und 36 Minuten.

Abbildung 84: Wetterkartenschreiber

Die auch im deutschen Wetterdienst für die Bildübertragung eingesetzten Facsimile-Geräte BS 114 übertragen Arbeits-Wetterkarten der Größe 45 x 55 cm, die fortlaufend auf eine Papierrolle aufgezeichnet werden, die ca. 300—400 Karten aufnehmen kann.
Der deutsche Wetterdienst strahlt täglich mehr als 100 Wetterkarten aus.

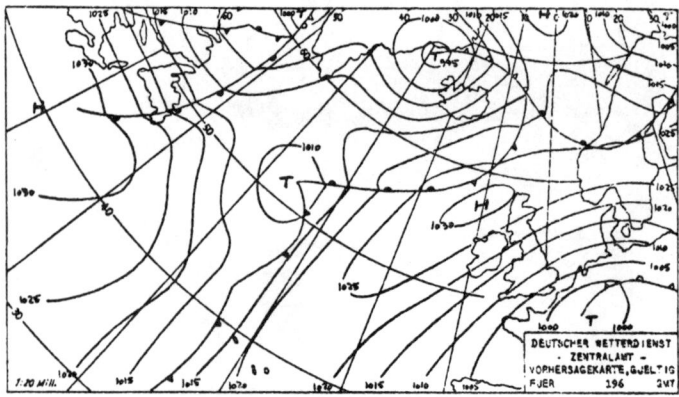

Abbildung 85: Durch Funk übertragene Wetterkarte

Auswertung der Wetterkarte

Uns liegt nun die fertig gezeichnete Wetterkarte oder die über die Post bezogene Wetterkarte mit all ihren H, T, Fronten, Isobaren, Wetterangaben vor.

Was kann sie mir sagen?

Zunächst: Sie stellt den Wetterzustand dar — das müssen wir immer beachten! —, wie er vor etlichen Stunden *war!!* Das Wetter mußte beobachtet, an die Zentrale gemeldet, dort in Karten eingetragen und verarbeitet werden. Es mußte aus vielen Meldungen der Wetterbericht zusammengestellt und dann ausgestrahlt oder gedruckt und versandt werden.

Auch bei bester Organisation und Zusammenarbeit vergehen darüber Stunden! Der Seewetterbericht von 1.00 Uhr MEZ gibt die Wetterlage von 22.00 Uhr MEZ des Vortages!

Und dann bedenken wir bitte noch eins beim Kritisieren eines Einzelwertes: An jedem dieser Schritte arbeiten Menschen, sie können sich bei den Hunderten von Werten versehen! Beim Beobachten, Eintragen, Verschlüsseln, Entschlüsseln, Ausstrahlen, überall können Fehler hineinkommen!

Nun, unser Exemplar sei in einer Sternstunde der Menschheit entstanden und vollkommen fehlerfrei.

Was dürfen wir aus ihr für die Weiterentwicklung des Wetters schließen? Die Frage nach dem Wetter, das wir *morgen* haben werden, ist weitgehend gebunden an die Frage, wie sich das beobachtete Störungsgebiet, das Tief mit seinen Fronten verlagern wird. Und zwar müßten wir wissen, in welcher Richtung es wandert und mit welcher Geschwindigkeit.

Wer für jeden Wetterbericht eine Wetterkarte zeichnete, wird aus der Reihe der aufeinander folgenden Karten erkennen, in welcher Richtung und wie schnell sich das Tief bisher verlagerte. Da die Verlagerung meistens über mehrere Tage gleichartig erfolgt, kann man die Lage z. B. in 12 Stunden (nach dem Termin, für den die Karte galt, nicht für den Termin der Aufnahme des Berichtes!) leicht einzeichnen und danach seine Wettervorhersage machen.

Diese Vorhersage kann man dann an der wirklichen Entwicklung prüfen, indem man die Anzeigen des Barometers und den Wind beobachtet.

Es muß doch nach den von uns erarbeiteten Wettergesetzen auf Nordbreite so sein:

Zieht das Tief nördlich von uns vorbei, muß der Wind rechts drehen.

Zieht das Tief südlich von uns vorbei, muß der Wind links drehen.

Ich erinnere daran, daß dabei die Eigenbewegung eines schneller fahrenden Schiffes berücksichtigt werden muß (siehe Seite 146).

Wir hatten auf Seite 111 auch statistisch gefundene Zugbahnen gegeben. Man vergleiche also die vermutete Bahn mit diesen mittleren Bahnen!

Auch in unserer Zyklonentheorie sind Angaben enthalten, die uns bei der Vorhersage helfen können. Wir hatten festgestellt, daß Kaltfronten schneller wandern als Warmfronten, daß die Zyklonen über dem Atlantik

im Durchschnitt mit 15 bis 20 kn wandern, daß ihre Geschwindigkeit aber mit der Annäherung an unsere Küsten meistens abnimmt, bis die Störungsgebiete unter Umständen sogar stationär werden.
Weitere Regeln, die aus der Beobachtungserfahrung der Wetterfrösche stammen, sind folgende:
Das Tief wandert meistens in Richtung der Isobaren des warmen Sektors.
Das Tief wandert in der Regel senkrecht zum Temperaturgefälle, wobei die höhere Temperatur rechts bleibt.
Das Tief wandert in der Richtung des stärksten Luftdruckfalls.
Fronten verschieben sich in Richtung des Windes.
Tiefs werden „gesteuert" von Hochdruckgebieten. Sie wandern links von dem Hoch, das am kräftigsten ist.
Tiefs folgen eventuell in Serien, wobei das nächste Tief südlicher greift als das vorangehende.
Wichtige Schlüsse läßt das Beobachten des Druckabfalls, beziehungsweise Druckanstiegs zu.
Durch Vergleich der letzten Wetterkarten erkennt man leicht die Gebiete, in denen der Luftdruck fällt oder steigt (mit + bzw. — einzeichnen!). Es gelten dann die Regeln:
Ein Tief bewegt sich immer dahin, wo der Luftdruck am stärksten fällt.
Ein Hoch bewegt sich immer dahin, wo der Luftdruck am stärksten steigt.
Fällt der Luftdruck vor dem Tief stärker, als er hinter dem Tief steigt, wird sich das Tief vertiefen.
Fällt umgekehrt der Luftdruck vor dem Tief nicht so stark, als er hinter dem Tief ansteigt, wird sich das Tief auffüllen.
Weitere Regeln sind:
Je größer der Winkel zwischen Warm- und Kaltfront noch ist, d. h. je größer der Warmsektor der Zyklone noch ist, desto mehr kann man erwarten, daß sie sich noch vertieft.
Das Tief verschiebt sich oft in der Richtung, in der das Niederschlagsgebiet vor der Warmfront am weitesten vorgeschoben ist.
Für Teiltiefs, die eine Zyklone begleiten, gelten die Regeln:
Teiltiefs bewegen sich in Richtung des Haupttiefs, oft aber umkreisen sie dieses auch im zyklonalen Sinn.
Tiefdruckausläufer liegen nach 24 Stunden etwa an der Stelle des vorangehenden Hochdruckkeils, dieser entsprechend an der Stelle des vorausgehenden Tiefdruckausläufers.

Warum denn keine langfristige Wettervorhersage?

Es wäre schon gut für unsere Reisepläne, wenn wir Wettervorhersagen für einen längeren Zeitraum bekommen könnten, wenn wir wenigstens wüßten, welchen Charakter das Wetter haben wird.

Macht man aber den Versuch, mehr als ein bis zwei Tage vorauszusagen, stößt man auf ziemlich unüberwindliche Schwierigkeiten, weil die Zahl der sich ändernden Faktoren zu groß ist.

Das soll nicht heißen, daß man nicht im Einzelfall einmal etwas voraussagen kann, wenn das Wetter eine starke *Erhaltungstendenz* hat, z. B. durch ein festliegendes H oder T gesteuert wird.

Um eine langfristige Voraussage machen zu können, untersucht man in einem besonderen Institut (Homburg v. d. H.) seit Jahren alle Wetterlagen der letzten 50 Jahre und arbeitet Wetterlagenfälle (Wettertypen) heraus, in denen sich das Wetter unter gleichen Voraussetzungen gleichartig entwickelte. Es gibt danach bestimmte *Großwetterlagen,* die sich in jedem Jahr wiederholen, eben weil sie von der Sonnenbestrahlung der Erde abhängen. Ferner gibt es periodische Schwankungen der Wetterelemente und Rhythmen mit Spiegelungspunkten. Aber ihre mathematische Erfassung, die für eine Voraussage erforderlich wäre, ist so kompliziert, daß sie für eine sichere Vorhersage bisher nicht ausgenutzt werden konnten.

Nun gut, sagen Sie! Aber der Mond hat bestimmt Einfluß auf unser Wetter! Er erzeugt doch auch die Ebbe und Flut des Meeres, die wir in unserem Tidehafen so drastisch erleben.

Tatsächlich gibt es Ebbe und Flut auch im Luftmeer. Aber die Masse der Lufthülle ist, verglichen mit der Masse der Ozeane so gering, daß man nur eine „Flut" von 0,013 Millibar zu erwarten hat, die für uns unmeßbar ist. Wetterveränderungen aber, so erkannten wir, treten erst bei Luftdruckänderungen von 5, 10 oder mehr Millibar ein.

Daß bei zunehmendem Mond gutes Wetter eintritt oder bei Voll- oder Neumond das Wetter sich ändert, kann nach den Untersuchungen an einem 50jährigen Beobachtungsmaterial auch nicht als Gesetz gelten. Diesen Feststellungen liegen zum Teil falsche Auswertungen von Beobachtungen zugrunde. Abends lösen sich bei normalem Wetter die Wolken auf, und dann wird der Mond sichtbar, wenn er sichtbar werden kann, und das ist doch am frühen Abend, wenn der Bürger nach dem

Wetter schaut, nur bei zunehmendem Mond möglich. Wir verwechseln also Ursache und Wirkung! Nicht der Mond fraß die Wolken, sondern wir können den Mond sehen, weil die Wolken sich auflösten.
Das tun sie aber nach meteorologischen Gesetzen, ob der Mond da ist oder nicht.
Daß ein Wetterwechsel mit Voll- oder Neumond zusammenfällt, kann selbstverständlich vorkommen, wird sogar oft vorkommen, da im Schnitt bei uns alle 4—5 Tage das Wetter sich ändert. Aber wenn an dem Witterungswechsel der Vollmond schuld sein soll, müßte der Wechsel auch in allen anderen Ländern eintreten, denn sie haben ja alle gleichzeitig mit uns Vollmond. Prüfen wir das an der Wetterkarte, so erkennen wir, daß dies keineswegs der Fall ist.
Einflüsse der Planeten sind ebenfalls nicht nachweisbar. Dasselbe gilt von den Wirkungen der Schwankungen der Sonneneinstrahlung und dem Zu- oder Abnehmen der Sonnenfleckentätigkeit.

Wer will mehr wissen?

Über Wetterkunde im allgemeinen sind viele Bücher geschrieben, leicht verständliche wie schwere wissenschaftliche Werke.
Geringer aber wird die Auswahl, wenn wir Wetterkundebücher suchen, die für den Seefahrer geschrieben sind, noch geringer, wenn wir Bücher nennen sollen, die für den Sportsegler, uns „Amateur-Meteorologen", verfaßt sind.

Ich nenne als einfache Darstellung der allgemeinen Wetterkunde:

Schöpfer, Wie wird das Wetter? Eine leicht verständliche Einführung in die Wetterkunde, Kosmos-Naturführer, Stuttgart, 1976 (185 Seiten).

Für Schiffsoffiziere und alle Seefahrer ist geschrieben und wird auch als Lehrbuch an den deutschen Seefahrthochschulen benutzt:

Krauß-Meldau, Wetter- und Meereskunde für Seefahrer, Berlin, 6. Auflage, 1973 (312 Seiten).

Eine Einführung in die Auswertung einer Wetterkarte gibt das Buch:
Rodewald, Die Faxfibel. Leitfaden der praktischen Seewetterkunde. Kiel, 1973 (86 Seiten).

Die **KLEINE YACHT-BÜCHEREI** ist die preiswerte Bibliothek für eingehendes Fachwissen auf vielerlei Spezialgebieten. Diese Bände (Preise vom 1. 1. 78) sind lieferbar:

Die Bibliothek wird laufend erweitert.
Fragen Sie bitte Ihren Buchhändler und
beachten Sie unsere Ankündigungen.

**Verlag Klasing + Co
Bielefeld**

Vergriffen sind zwei Werke, die man in der Bücherei jedes Seglers stehen sehen möchte:

Mylius, Wetterkunde für den Wassersport
v. Larisch, Sturmsee und Brandung.

Man verschaffe sich auf jeden Fall auch den (billigen) Sonderabdruck aus dem Nautischen Funkdienst, Teil III, Wetterfunk: Verwendung der Wetterfunksprüche an Bord, Wetterschlüssel und meteorologische Ausdrücke.
Der Sonderdruck gibt u. a. eine kurze Zyklonentheorie und dann vor allem eine Reihe wichtiger Anregungen zum Zeichnen von Wetterkarten an Bord und Regeln zur Beurteilung der Weiterentwicklung des Wetters. Diesem Auszug ist das Wetterkartenbild der Seite 151 entnommen.

Alle notwendigen Angaben für das Aufnehmen von Wetterberichten enthält der „Jachtfunkdienst", den das Deutsche Hydrographische Institut für Sportfahrzeuge (und andere nicht ausrüstungspflichtige Fahrzeuge) herausgibt.

Alphabetisches Sachverzeichnis